「楽勉」で子どもは伸びる!

親野智可等

祥伝社黄金文庫

本書は平成18年9月に小社より刊行された
『「楽勉力」で子どもは活きる！』を加筆・
修正し文庫にしたものです。

はじめに

どうして、勉強ができる子とできない子がいるのでしょう？

どうしたら、勉強ができるようにしてやることができるのでしょう？

これらの疑問は、親や教師が一番知りたいことだと思います。


私は、二三年間、公立小学校の教師として子どもたちに日々勉強を教える中で、いつもこのことを考えてきました。

その結論をこの本にまとめました。


親がこの本を読んで実行すれば、子どもは必ず勉強ができるようになります。

「勉強しなさい」と叱りつけたり、毎日ガミガミ言ったりしなくても、子どもが進んで勉強するようになるのです。

そう聞いても、たぶん、にわかには信じられないと思います。

もしかしたら、誇大広告のように聞こえるかもしれません。

でも、この本を四分の一でも読んでいただければ、それが事実だと分かってもらえると思います。


この本はどこから読んでいただいてもかまいません。

興味を持ったところから、ドンドン読んでみてください。

どの章にも、実践的で具体的で、すぐできる方法が出ています。

しかも、それは、生活や遊びの中で楽しみながらできることばかりです。


必要なのは、ほんの少しの発想の転換です。

必要なのは、ほんの少しの心がけと工夫です。

#「楽勉」で子どもは伸びる！　目次

第6章 「学習漫画」は楽勉の最高傑作 147

第10章　1日1記事！「小学生新聞」で学力は必ずアップする　201

装丁　坂川事務所

第1章

「楽勉《らくべん》」とは何か？

勉強を好きにしてやることが一番大切

あなたのお子さんは勉強が好きですか？
そして、勉強を楽しんでいますか？

なにごとも、好きなことなら楽々できます。
なにごとも、楽しんでやっているときに一番力がつきます。
勉強も例外ではありません。
特に、子どもはそうです。

勉強が好きな子は、放っておいてもどんどん勉強します。
勉強を楽しめる子は、自然に学力がつきます。

ですから、子どもに学力をつけたいと思ったときに、まず親がするべきことは子どもを勉強好きにしてやることです。
つまり、勉強の楽しさを味わわせてやることです。
これさえできれば、子どもは自分からどんどん勉強します。
「勉強しなさい」などと、毎日ガミガミ言う必要はないのです。

「楽勉」で勉強が好きになる

では、どうしたら、子どもを勉強好きにすることができるのでしょうか？
何かいい方法があるのでしょうか？
実は、とてもいい方法があるのです。
それは、「楽勉」です。
私が提案する楽勉を心がければ、子どもは勉強の楽しさを味わうことができます。
そして、子どもは必ず勉強が好きになり、自然に学力がつきます。

では、「楽勉」とはなんでしょう?
それは、生活や遊びの中で楽しみながら知的な刺激をして地頭《じあたま》をよくすることです。
地頭とは、基本的な頭の性能のことです。
そこには、無理強《じ》いや強制は一切ありません。
楽しみながらやっているうちに、いつの間にか勉強が好きになり、学力がつくのです。
その具体的な例を最初に二つ紹介します。
この二つを見ながら、楽勉の本質について考えていきたいと思います。

算数のある生活・カステラで分数を体験

たとえば、家でカステラを食べるときのことを思い浮かべてみてください。

今、20センチメートルくらいのカステラが、まあ君とみっちゃんの目の前にあるとします。

二人の子どもたちは、お母さんがそれを切ってくれるのを待っています。

そのとき、お母さんがただ切って子どもたちに食べさせるだけでは、知的な刺激はできません。


では、どうしたら、知的な刺激ができるのでしょうか？

まず、真ん中を切って大きく2つに分けます。

そして、聞きます。

「いくつに分けたのかな？」

「2つ」

「2つに分けた1つ分を、2分の1個と言うのよ」

「2分の1個？」

「そうそう、よく言えたね」

次に、また、それぞれを2つずつに切って、全部で4つに分けます。

「全部でいくつに分かれた?」

「4つ」

「4つに分けた1つ分を……」

「え〜と……4分の1個?」

「当たり! すごいね」

「お兄ちゃん、すご〜い」

「じゃあ、4分の1個と2分の1個のどちらが大きいですか?」

「えっ、えっ? え〜と……2分の1個のほうが大きいよね?」

「すごい! よく分かったね」

次に、また、それぞれを2つずつに切って、全部で8つに分けます。

「全部でいくつに分かれた?」

「8つだから、これが8分の1個！」

「わあ、すご〜い」

「えへん」

「じゃあ、まあ君はおいしいカステラを8分の1個食べたい？　それとも、8分の2個？」

「えっ、えっ？　え〜と……8分の2個！」

「そうだね。8分の2個のほうが大きいよね」

「簡単簡単！」

「こういう言い方を『分数』と言うのよ」

「分数？」

「カステラ分数」で分かること

このあと、まだ子どもたちがついてこられそうだったら、さらに次のように進みます。

「4分の1個と8分の1個のどっちがいい？」と聞いてみるのです。

そうすれば、「8分の1個」は「4」より大きい「8」がついているのに、実際のカステラは小さくなるということが分かります。

これは、実は、子どもにとっては、とても不思議なことなのです。

大人にとっては当たり前なのですが、子どもにはなかなかすんなり理解できないところなのです。

さらに、まだいけるようでしたら、次のように言ってみるとおもしろくなります。

「まあ君とみっちゃんのどっちかに4分の1個あげるよ。そして、どっちかに8分の2個あげるよ。どっちがいいか決めてね。二人とも同じほうがいいならジャンケンだよ」

まだ分数を勉強していない子どもは、ここで必ず混乱します。

そして、カステラをいろいろに並び替えたり、付けたり離したりしながら考えます。

なんといっても、おいしいカステラが懸《か》かっているので一生懸命です。

そして、だんだんこの2つが同じだということが分かってきます。

言い方は違うのに、大きさは同じだということが分かってくるのです。


実は、これも子どもにとってはとても不思議なことなのです。

今まで知っていた数の世界とは違う、未知の数の世界との出会いなのです。

でも、目の前にカステラという具体的なものがあり、たくさん食べたいというモチベーションがあるので、なんとか理解できるのです。

無理なく楽しく進めることが大切

こういうことを羊羹《ようかん》でやったり、りんごでやったりしているうちに、だんだん子どもたちは分数を体験的に理解していきます。

私は、このような生活を「算数のある生活」と言っています。

でも、ここで大切なのは、子どもの様子を見ながら無理なく楽しく進めるということです。

そうでないと、「楽勉」とは言えません。

無理にやると逆効果になるだけです。


それに気をつけて、毎日の生活や遊びの中でこのような知的な刺激をしていると、「楽勉力」が身につき子どもの地頭がどんどんよくなります。

このような経験をしてきた子は、学校の授業で分数を勉強するときにも、当然ながら楽々分かります。

理科のある生活で、「温度計」や「湿度計」を体験する

算数の次に、二つ目の例として理科の場合を見てみましょう。

次のような会話は、毎日の生活の中でよくあるものだと思います。


「お母さん、なんだか今日は暑いね」

「本当だね、昨日は寒かったのに、今日は急に暑くなっちゃったね」

「五月にしては、かなり暑いんじゃないの？」

「どうなんだろう？」

「それに、なんとなく頭が重いし、雨でも降るんじゃないかな」

「そういえば、洗濯物の乾きもよくないみたいだよ」


生活の中でほんの少し工夫をするだけで、この会話が大きく変わってきます。

まず、家の外と中に「温度計」を設置します。

できたら、「湿度計」もあるとさらにいいです。

それらが全部一体になったものなら、とても便利です。

そして、先ほどの会話の中に、実際の温度、湿度などの数字を入れていくのです。


「お母さん、なんだか今日は暑いね」

「本当だね、昨日は寒かったのに、今日は急に暑くなっちゃったね。わ〜、23度もある。これじゃ暑いはずだわ」

「五月にしては、かなり暑いんじゃないの？」

「静岡の五月の平均気温は……え〜と、ネットで調べたら18・6度だから、やっぱりいつもよりかなり暑いんだよ。昨日が16度だったから一気に上がりすぎだね」


「それに、じめじめして頭が重いし、雨でも降るんじゃないかな」

「そういえば、洗濯物の乾きもよくないね」

「お母さん、湿度が82パーセントだよ」

「82パーセントじゃ蒸し暑いはずだね。もうすぐ雨が降るかもよ」

自然現象を数値化する癖をつけると理科が好きになる

最初の会話と比べると、違いは明らかです。

ここには、ただの印象だけではなく、温度、湿度などの数字が入っています。

ただ暑いというだけではなく、実際は何度なのか？

ただじめじめするというだけではなく、湿度はどれくらいなのか？

こういうことに興味を持てるというのは、とても大切なことなのです。


なぜかといえば、自然現象を数値化するのは、理科や科学の基本中の基本だからです。

理科や科学が好きな人、いわゆる「理系の人」というのは、そういうことが好きで得意な人のことなのです。

生活の中でこのような「楽勉」をしていると、だんだん自然現象を数値化するよさが分かってきます。

それは、理科や科学の基本的な考え方を身につけていくことなのです。

私は、このような生活を「理科のある生活」と言っています。

そして、もっと直接的には、この例の場合、理科の気象の授業で大活躍することができるのです。

たとえば、小学五年生に「天気の変化」という勉強があります。

ここでの大活躍は、間違いなしです。

算数のない生活をしていると、どうなるか？

では、生活の中でこういう経験をまったくしていない子はどうでしょうか？

算数のない生活をしている子は、学校の授業で生まれて初めて分数に出会うことになります。

なんの準備もなく、いきなり分数に出会うのです。

ところが、分数はそれまで子どもが知っていた数とは仕組みが違う数なのです。

生活の中で目にする1、2、3とか75とか82などという数は、子どもにとても理解しやすいものです。

たとえそれが、395になっても、8647になっても、1、2、3のただの延長です。

それらは、「自然数」という名前の通り、自然な数なのです。

ところが、分数は、そうはいきません。

分数は「いくつに分けたいくつ分」という意味ですから、そもそも仕組みが違うのです。

このように、分数は子どもにとってはかなり高い壁なのです。

算数のない生活の子は、分数とどう出会うのか？

先ほど、私は、「なんの準備もなく、いきなり分数に出会う」と言いました。

分数との出会い方は、とても大切です。

生活の中で出会う場合は、たとえばカステラを切って食べるときだったり、ジュースを分けて飲むときだったりします。

でも、学校の授業では、実際に目の前にカステラやジュースがあるわけではありません。

当然、教科書の図や黒板の図を使って考えることになります。

よくて模型ということになりますが、やはり、実物には及びません。

実際においしいカステラを目の前にして、

「今からカステラを食べるんだ。

4分の1個と8分の2個のどっちがいいかな？」

と考える場面でこそ、子どもの頭はフル回転するのです。

モチベーションが違うと理解度が違ってくるのです。


ところが、多くの教科書は、次のような場面設定をして分数を説明しています。

「今から、1メートルのテープを切ります。4等分した1個分の長さを4分の1メートルと言います」

学校の授業で生まれて初めて分数に出会う子にとって、このような場面設定と説明はあまりにも無慈悲と言わざるをえません。


テープを4等分する？

一体全体なんのために？

そこには、子どもの興味をかき立て、モチベーションを高めるものはなに一つありません。

つまり、なんの準備もない上に、必要性も興味もないところでいきなり分数に出会うのです。

学校では体験的な勉強はたっぷりできない

少し気の利《き》いた教科書は、テープの説明に入る前に、カステラ、りんご、折り紙などを使った説明を入れてあります。

また、先生の中には、最初いろいろな具体的な物や模型を使って、子どもたちに体験的に分数を理解させる時間を取る人もいます。

でも、いくらがんばっても、一、二時間しか取れません。

あまりそこに時間をかけていると、その分、ほかのところが手薄になってしまいます。

分数は一二時間でやるとか、折れ線グラフは一〇時間でやるなどと、計画的に決められているからです。

分数の理解に必要だからと、具体的な物や模型を使ってたっぷり三時間も四時間も体験的な勉強をやっていたらどうなるでしょう？

分数の時間が一五、六時間にもなってしまいます。

そうしたら、今度は折れ線グラフの時間を削《けず》らなくてはなりません。

それが削れないとなれば、国語の漢字の時間を削ることになるかもしれません。

実際、どの教科のどの勉強でも、このような体験的な勉強をしていると、あっという間に時間が足りなくなってしまいます。

体験的な勉強が効果があると分かってはいても、たっぷり時間をかけることはできないのです。

学校では、いろいろとやるべきことがたくさんある

それは、五年生の理科の「天気の変化」にしても同じです。

この勉強では、午前九時から午後四時くらいまで、一時間ごとに気温を測《はか》ってグラフにします。

それを、晴れの日、曇りの日、雨の日にやることになっています。

そして、天気によって気温変化の仕方がどのように違うかを比べるのです。


言葉で書くと簡単そうですが、実際にこれを全部しっかり体験させるとなると、とんでもなく大変です。

一時間ごとに外に出て気温を測るといっても、音楽で歌を歌っている最中だったり、国語の物語の感想を発表している最中だったりするのです。

給食の最中だったり、掃除の最中だったりもするのです。


曇りの日だと思って測っていると、途中で雨が降ってきたりもします。

そうかと思えば、一カ月も雨が降らなかったりもします。

全部しっかり体験させようとすると、ものすごくたくさんの授業時間が取られてしまうのです。

「天気の変化」の勉強でも、この観測ばかりにたっぷり時間をかけてはいられないのです。

グラフの見方や天気図の見方を勉強したり、天気の予想方法を勉強したりもしなければならないのです。

学校とはもともとそういうところ

時間をたっぷりかけて体験的な勉強をすれば、子どもたちの意欲も高まり理解度は上がります。

それは、分かり切ったことです。

でも、時間がないのです。

学校には、必要最低限の体験をさせる時間しかないのです。

しかし、私は、学校での勉強や学問には、もともとそういう面があるのだと思います。

つまり、勉強とか学問というものは、もともと個人個人の生活の中で得られた体験、情報、知識、知恵などを集め、整理し、抽象化し、体系化したものなのです。

ですから、勉強とか学問の場で学ぶということは、もととなる体験が個人個人にあることが前提になっているのです。

生活の場で少しずつ体験してきてなんとなく分かってきたことを、改めてもっと系統的に体系的に学ぶところ、それが学校のそもそもの姿なのです。

昆虫体験が豊かな子が昆虫の勉強をするとき、それは喜びになる

私がそれを一番強く感じるのは、三年生の理科で昆虫の勉強をするときです。

中には、それまでの生活や遊びの中で、たっぷりと昆虫体験をしてきた子もいます。

中には、蝶やバッタの卵を取ってきて、成虫になるまで育てたことがある子もいます。

でも、そういう子の数は年々減っています。

三年生の昆虫の勉強では、「完全変態」と「不完全変態」の勉強もします。

たとえば、A君は、モンシロチョウの卵を取ってきて、それが幼虫の青虫になり、さなぎになり、羽化して成虫になるところを観察したことがあります。

また、バッタの卵を取ってきて、それが幼虫になり、さなぎにはならずに、そのまま脱皮してから成虫になるところも観察したことがあります。

そういう時間の中で、A君は、さなぎの中はどうなっているのかと想像してみたり、生き物って不思議だなと感じたりしていることでしょう。

そのA君が授業で完全変態と不完全変態の違いを学ぶと、どうなるでしょう？

A君は、今まで自分が体験してきた中で、モンシロチョウとバッタにはなんとなく違いがあると感じてはいたのです。

モンシロチョウは一度さなぎになるのに、バッタは皮を脱ぐだけだと気がついてはいたのです。

そこで、授業で昆虫には完全変態するものと不完全変態するものがあるということを学べば、とても興味を持ちます。

そして、なんとなく分かっていたことが、そこではっきりするのです。

そして、自分が体験したモンシロチョウとバッタだけではなく、いろいろな昆虫がすべてその二種類に分けられるということも知るのです。

これが、整理し、抽象化し、体系化するということなのです。

これが勉強や学問の意義であり、おもしろさなのです。

なんとなく分かっていたことを勉強や学問がはっきりさせてくれるとき、勉強や学問をおもしろいと感じるのです。

昆虫体験が豊かな子が昆虫の勉強をするとき、それは大きな喜び以外の何ものでもないのです。

それは、快楽ですらあるのです。

昆虫体験のない子が昆虫の勉強をするとき、それは苦痛になる

では、A君とは反対に、それまで昆虫体験があまりないない子はどうなるでしょう？

そういう子の中には、昆虫を持ったことがなくて触るのを嫌がる子もいます。

バッタや青虫が持てないという子もいるのです。

それで、このごろでは、以前はなかった「生活科」というものまで学校で用意しているくらいです。
一、二年生のうちに、生活科でいろいろな体験をさせて、三年生以降の理科や社会に備えようというわけです。

でも、週に三時間の生活科でいくらがんばっても、決して充分な体験をさせてやることはできないのです。

そのような昆虫体験がほとんどない子が、理科の授業で完全変態と不完全変態の勉強をしたとしても、なんの興味も持てません。


もちろん、学校でもできるだけの体験をさせるように努力しなければなりません。

学校の環境によっては、授業中にクラス全員でモンシロチョウの卵を探しに行くこともあります。

または、学校でキャベツを栽培してその裏側に卵を産みつけさせ、それを取って飼育と観察をするところもあります。

そして、「卵」、「幼虫」、「さなぎ」、「成虫」という一連の過程を、学校で観察するようにしなければなりません。


でも、学校で飼育と観察をしていても、一生懸命取り組むのは今までにたくさんの昆虫体験をしてきた子たちなのです。

ほとんど体験がない子たちは、苦手意識が先に立ち、せっかくの飼育と観察にもきわめて消極的になってしまうのです。


そういう子たちが、昆虫には完全変態するものと不完全変態するものがあるということを授業で学んでも、なんの興味も持てないのです。

ただ頭でそういう言葉を覚えるだけで、A君が感じた勉強や学問のおもしろさなど感じるはずがないのです。

そこにある生き物の不思議さとかおもしろさなども、感じるはずがないのです。


なにより、ろくに昆虫と遊んだこともないのに、完全変態と不完全変態という言葉を覚えても仕方がないのです。

そういう子が、「昆虫には完全変態と不完全変態があり、蝶は完全変態でバッタとトンボは不完全変態」とか「昆虫の体は頭と胸と腹に分かれる」などとテスト用に暗記しても仕方がないのです。

そういう「勉強」が多くなると、子どもたちは「勉強ってなんのためにするの?」と聞くようになります。

そこに喜びも意義も見出《みいだ》せないのですから当然です。

昆虫体験のない子が昆虫の勉強をするとき、それは苦痛以外の何ものでもないのです。

勉強が楽しいなどと感じるはずがないのです。

第2章

算数のある生活

楽勉で「十進数《じっしんすう》」の構造を理解すれば、算数で苦労することはない

一年生では、50以上の数が分からない子もいる

一年生の算数では、１から始めて１２０くらいまでの数を習います。

一学期に1から10までの数を習い、二学期に60くらいまでの数を習い、三学期に１２０くらいまでの数を習います。

みなさんは、どうして、一気に1から１２０まで教えないのか、と思うかもしれません。

でも、それにはちゃんと理由があるのです。

一言で言えば、大人にとっては簡単なことでも、子どもにとっては難しいからです。
確かに1から10までは、簡単です。
これはほとんどの子が難なくできるようになります。
でも、これが50より大きくなってくると、できない子がけっこう出てくるのです。
中には、30より大きくなるとよく分からなくなってしまう子もいるのです。
これが一年生なのです。

なぜ、数が大きくなると分からなくなるのか？
大人にとっては、これは不思議なことに思えます。
1から50までできたのに、なぜそれ以上ができないのか？
41、42、43、44……が51、52、53、54……になるだけではないのか？
「ヨンジュウイチ」の「ヨンジュウ」が「ゴジュウ」になるだけで、ただの繰り返しではないのか？

でも、一年生の子を実際に教えていると、大人が思うようにはいかないことが分かります。

その理由は三つあります。

一つ目は、たくさんの物を実際に数えた経験が少ないということです。

二つ目は、大きな数を唱《とな》えた経験も少ないということです。

三つ目は、「十進数」の構造が頭に入っていないということです。

数に対する地頭を鍛《きた》える三つの方法

これに対しては、いい方法が三つあります。

この三つを行なえば、子どもたちの数に対する地頭は大いに鍛えられます。

一つ目が、毎日の生活の中で、たくさんの物を実際に数える経験をたくさんさせることです。

二つ目が、数を唱える経験をたくさんさせることです。

三つ目が、数を書いたり並べたりする経験をたくさんさせることです。

この三つの説明に入る前に、「数える」と「唱える」の違いに触れたいと思います。

「数える」というのは、何か実物を見たり動かしたりしながら、物の個数と「数詞」を一致させていくことです。

「唱える」というのは、実物がないところで「数詞」を順番に言うことです。

唱えるのは数えるのより抽象度が高いとも言えます。

これを「数唱」と言います。

この二つの違いは微妙なので、ほとんどの大人が混同しています。

そして、数を唱えることは比較的たくさんやらせますが、実物を数える経験をさせることは少ないという傾向があります。
でも、この実物を数える経験こそがとても大切なのです。

一つ目は、たくさんの物を実際に「数える」経験

どの子も10までの実物を数えた経験はたくさんあります。
というのも、両手の指が10本だからです。
でも、20以上や30以上、ましてや50以上となるとかなり少なくなります。
学校では、積《つ》み木やブロックなどを使って数える経験をさせます。
といっても、せいぜい一回か二回ですが。

このとき、子どもたちを見ていると、たくさんの物を実際に数えた経験があるかどうかはすぐ分かります。
経験が少ない子は、唱えられる数のところまでただ連続的に数えるだけです。

そして、途中でいくつまで数えたか分からなくなってしまうことが多いのです。

経験が豊かな子は、10個ずつの固まりを作っていきます。

または、最初の10個を一列に並べて、次の10個を二列目に並べる、というようにする子もいます。

彼らは、10個ずつの固まりを作ると数えやすいということを経験上知っているわけです。

でも、違いはそれだけではありません。

彼らは、それによって「十進数」の構造を理解しているのです。

つまり、「51」は10の固まりがすでに5つあって、また新しい1なのだということが分かっているのです。

彼らは、51を、ただ「ヨンジュウク」「ゴジュウ」に続く「ゴジュウイチ」と丸暗記しているのではないのです。

こういう子は、たとえそれが91、92、93になっても混乱しないのです。

でも、十進数の構造が頭に入っていない子は、そうはいきません。

50までは分かるのに、そのあとが分からないということが実際に起こるのです。

ですから、このような実物を数える経験を、生活や遊びの中でやらせることが大切です。

ただし、このとき気をつけて欲しいことがあります。

それは、誤飲・窒息の可能性のある小さい物は避けるべきだということです。

もちろん、数を数える本人はだいじょうぶかもしれませんが、さらに小さい弟や妹がいる場合に危険なのです。

実際、私が教えた1年生の子の家では、その子の弟が誤飲をして大騒ぎになりました。

小さい子は何でも口に持っていき大変危険ですから、小さい物をその辺に放置しないようにしてください。

数える経験をさせるときは、口に入らない大きさの物にしてください。

その意味でも、本書の50ページで紹介する百玉《ひゃくだま》そろばんはおすすめです。

二つ目は、数を「唱える」経験

このような実物を数える経験に加えて、二つ目として、数を唱える経験もたくさんしておくといいでしょう。

これは、よくお風呂の中で行なわれています。

このお風呂数唱は、古典的な楽勉の一つですが、工夫次第でさらに大きな効果を上げることができます。

小さい子でしたら、よく「1から10まで数えたら出られる」とやっていると思います。でも、いつも同じようにするのではなく、「51から60まで」「131から140まで」「４８１から４９０まで」などと発展させると効果があります。

三つ目は、数を「書いたり並べたりする」経験

実物を数える経験、数を唱える経験に加えて、三つ目として、数を書く経験をおすすめします。

これは、0、1、2、3から始めて１００まで書くのです。

それも、ただ連続して書くのではなく、9まで行ったら次の行に移って10と書くのです。

このようにして１００まで書くと、十進数の構造がはっきりと見えるようになります。

実際に、学校では一年生の授業でこの勉強をします。

でも、繰り返し言っているように、何回もやれるわけではないのです。

ですから、生活の中で、これを親子で楽しく遊び感覚でやっておくことをおすすめします。

これは、子どもにとってすばらしい準備になります。

代わり番こで書いてもいいですし、ジャンケンで勝ったら次が書けるというようにしてもいいでしょう。

慣《な》れないころは、親が八割方書いておいて、ところどころ書いてないところを子どもが埋《う》めるというのでもいいでしょう。

または、数字を書くのではなく、０から１００までのカードを作っておいて並べるというのもいいでしょう。

これなら、トランプの七《しち》並べのようにいろいろなゲームを工夫することもできます。

入学前にこのような経験をしている子は、数に対する地頭がばっちりです。

こういう子は、ゆくゆく算数で苦労することはないでしょう。

「百玉《ひゃくだま》そろばん」は数に強くなる最強楽勉グッズ

百玉そろばんが一つあれば、数の経験がたっぷりできる

数に対する地頭を鍛えるために、先ほど三つの方法を紹介しました。

では、ここで、そのために開発された最強楽勉グッズを紹介します。

それは、「百玉そろばん」です。

これは、実物を数えたり、数を唱えたりする経験を、遊びながらたっぷりできるという、本当にすばらしい楽勉グッズです。しかも、46ページで書いたような小さい子の誤飲・窒息の心配もありません。


いろいろな使い方ができますが、主なものをいくつか紹介します。

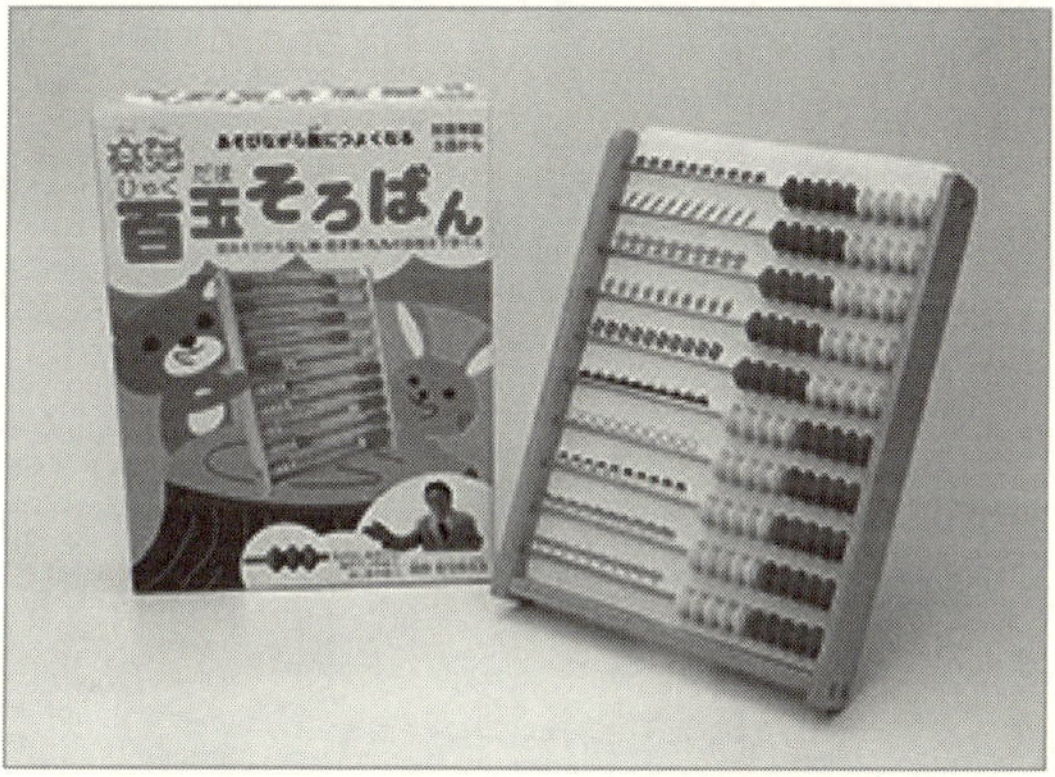

「百玉そろばん」が一つあれば……

◎一列に10の玉。遊んでいるうちに「十進数」が理解できる！
◎ 100から減らしていけば、逆に数える練習もできる！
◎２つずつ、３つずつ……動かせば、「飛び数」で数の感覚を鍛えられる！
◎実際に玉を動かせば、数の「合成と分解」と「補数」、繰り上がりのある足し算、繰り下がりのある引き算も分かりやすい！

写真の百玉そろばんは親野智可等考案の「楽勉　百玉そろばん」（楽勉.com）

まず、玉を右から左に一個ずつ移しながら、1、2、3……10と数えます。

二段目は、11、12、13……20と数え、最終的に100まで数えます。

その子の段階に応じて、二段目も1、2、3……10と数えてもいいのです。


百玉そろばんは一列が10ずつになっていますので、数えているうちに自然に10の固まりを作ることになります。

つまり、自然に十進数の構造が分かるようになっているのです。

ですから、これで遊んでいれば、楽々100まで数えられるようになります。


百玉そろばんなら、数の練習が思いのままにできる

また、100から減らしていって、99、98、97……0というように、逆に数える練習もできます。

また、「一つの玉の中に不思議なこびとが10人住んでいる」ということにすれば、一つの玉が10ということになります。

そうすれば、10、20、30……と数えていって、１０００まで数えられます。

１００人のこびとなら１００００まで数えられます。

子どもは「こびとが１００００人だ！」と言って、大喜びします。


二つずつ動かしながら、2、4、6、8、10、12、14……１００とやれば、「2飛び」の練習になります。

三つずつ動かしながら、3、6、9、12、15……99とやれば、「3飛び」の練習になります。

このように、4飛び、5飛び、10飛びも練習できます。

さらに、6飛び、7飛び、8飛び、9飛びなども、やろうと思えばやれます。

これができるようになれば、かなりのものです。

この「飛び数」の練習は、数に対する感覚を大いに鍛えてくれます。

まず、簡単な足し算の練習になります。

というのも、4飛びで4、8、12……と数えていくのは、「毎回4を足していく」ということだからです。

つまり、頭の中で瞬時に足し算をしているのです。

10の分解と合成が「補数」の練習になる

また、この飛び数の練習は、「数の分解と合成」の練習にもなります。

たとえば、6飛びをやるときは、まず、一段目の玉を左に六つ動かします。次に、四つ動かして一段目を10にしてから、二段目の玉を二つ動かします。

その過程で6を「4と2」に分解したり、「6と4」を合成して10にしたりしているわけです。

この数の分解と合成の練習は、足し算や引き算のもとになるとても大切なものです。

さらに、百玉そろばんは、数の分解と合成の練習が思いのままにできます。

5は「1と4」「2と3」に分けられるというのが分解です。

「5は、2といくつ？」などと言いながらやればいいのです。

「4個あるね。あといくつで7になる？」というのも分解です。

「おまんじゅうが8個あるね。3個食べるといくつになる？」というのも分解です。

そして、分解であると同時に引き算でもあるのです。

このようないろいろな聞き方をして考えさせると、文章問題で式を作るときの準備にもなります。

「7と1」「6と2」「5と3」「4と4」で8になるというのが、合成です。

「6個あって、あと2個増えるといくつ？」とか「6と2でいくつ？」などと言いながらやればいいのです。

実際に玉を動かしながらやれば、どんどんできるようになります。

この分解と合成の中でも一番大切なのが、10の分解と合成です。

10は「1と9」「2と8」「3と7」「4と6」「5と5」に分解できます。

当然、その反対が合成です。

そして、10の分解と合成ができるということは、10に対するそれぞれの数の「補数」が分かるということです。

「補数」は繰り上がりの足し算と繰り下がりの引き算の基本

この補数が瞬時に出てくるようになると、「8＋《たす》6」のような「繰り上がりのある足し算」と、「12－《ひく》7」のような「繰り下がりのある引き算」が楽々できるようになります。

というのも、８＋６の場合、８の補数の２を足して10にしてから残りの４を足して14にするからです。

12－７の場合、10－７で３という補数を得てから、それに２を足して５という答えにするからです。

いずれの場合も、10に対する補数を出すのが計算の第一歩です。瞬時に補数が出てこないと、これらの計算に手間取ることになります。

一年生の一学期に、「３＋５」のような「繰り上がりのない足し算」や、「９－４」のような「繰り下がりのない引き算」をやります。二学期に、繰り上がりのある足し算や繰り下がりのある引き算が始まると、算数に苦手意識を持つ子が急に増えます。

それは、スラスラできる子と時間がかかる子の差が大きくなってしまうからです。

一年生でも、自分がみんなより理解が速いか遅いかくらいは分かります。

小学校に入って、楽しみにしていた勉強が始まってから、ここまではみんな同じようにやってきていたのです。

ところが、ここにきて初めて、大きな差が表面化してしまうのです。

そして、それには、「補数を出すスピードの差」が大きく関わっているのです。

百玉そろばんで、繰り上がりの足し算と繰り下がりの引き算もばっちり

また、次のようにすれば、補数の練習をしながら、繰り上がりの足し算と繰り下がりの引き算の練習もできます。


たとえば、8＋6という繰り上がりの足し算は、次のようにやります。

まず、一段目の玉を8個左に動かし、二段目の玉を6個左に動かします。

次に、一段目の右に残っていた玉を2個左に動かして10個にします。

そして、二段目の左に行っていた6個の玉のうち2個を右に戻して、左に4個残します。

これで、一段目の10個と2段目の4個を合わせて14個となります。

たとえば、12－7という繰り下がりの引き算は、次のようにやります。

まず、一段目の玉を10個左に動かし、二段目の玉を2個左に動かします。

次に、一段目の玉を7個右に戻して左に3個残します。

これで、一段目の3個と二段目の2個を合わせて5個となります。

これらのやり方は、学校で教えるのと同じ手順の計算方法です。

百玉そろばんで遊びながら、実際に玉を動かしながらやれば、本当によく身につきます。

百玉そろばんを一人に一台贈りたい

さて、百玉そろばんの使い方は、まだまだたくさんあります。

一段目の左に8個、二段目の左に5個、というように並べて、次のように聞きます。

「一段目と二段目はどっちが多い?」

「一段目」

「一段目のほうがいくつ多い?」

「え〜と、3つ!」

これなども、引き算の準備になります。

先ほど飛び数のやり方を紹介しましたが、この飛び数で逆に数えることもできます。

4飛びを逆にやれば、100、96、92、88、84、80……0となります。

こびと10人というのを飛び数で数えることもできます。

こびと10人が2飛びなら、20、40、60……1000となります。

また、それを逆に数えることもできます。

1000、980、960……0となります。


まだまだありますが、これくらいにしておきます。

とにかく、この百玉そろばんは、いろいろなやり方で数に対する地頭を鍛えることができます。

これでたっぷり遊んでおけば、算数で苦労することは絶対にありません。


そこで、私にいい考えがあります。

赤ちゃんが生まれたら、国か自治体が一人に一台百玉そろばんを贈るというようにしたらいいと思います。

「鉄は熱いうちに打て」と言います。

3才くらいのときからこれで遊んでいれば、どの子も必ず算数ができるようになります。

先に投資しておけば、あとで苦労することがなくなります。

それから、赤ちゃんで思い出したことがあります。

百玉そろばんは全部の玉が棒に通っていますので、小さい子がいる家にあっても安全です。

積み木やおはじきのように、間違って口に入れるということは不可能だからです。

検索サイトで、「百玉そろばん」「百だまそろばん」「100玉そろばん」「100だまそろばん」などと入れれば出てきます。

いろいろな種類のものが出ていますし、値段も2000円くらいからです。

しかも、使い方の説明もついています。

また、一般的なそろばんを扱っている店でも入手できます。

市販の問題集にはできない「親の手作り問題」のすばらしい効用とは

わが子をやる気にさせる「母問（ハハモン）」の秘密

私が受け持った二年生のBさんは、一年間毎日ノートに自主勉強をやってきました。それも親に言われて嫌々やっていたのではなく、自分から進んで楽しみながらやっていたのです。

特にがんばったのが、算数の文章問題でした。

では、なぜ、自分から進んで楽しみながら算数の文章問題に励むことができたのでしょうか？

それは、お母さんが作ってくれる問題に秘密があったのです。

ちなみに、そのころ、私のクラスでは、お母さんの手作り問題を「母問（ハハモン）」と呼んでいました。
お父さんなら「父問（チチモン）」で、お兄さんなら「兄問（アニモン）」、おばあさんなら「婆問（ババモン）」、おじいさんなら「爺問（ジジモン）」でした。

Bさんのお母さんの母問には、いろいろな工夫がありました。
まず、一つ目の工夫は、問題の中に必ずBさん自身が登場することです。
ときには、Bさんの家族や友だちも出てきます。
たとえば、次のような問題を作っています。

〈母問・例〉
　Bさんは7才です。
お母さんは33才です。

Ｂさんはお母さんが何才のときに生まれたのでしょう？

二つ目の工夫は、実際にＢさんの生活の中で出てきた場面を使って問題を作っていることです。

たとえば、Ｂさんが宿題をやる様子を見ながら、次のような問題を作っています。

〈母問・例〉

Ｂさんは400字マスの原稿用紙に作文を書いています。

今82マス空《あ》いています。

何マス文字を書いたでしょう？

三つ目の工夫は、そのとき学校でやっている勉強に合わせて問題を作っていることです。

たとえば、長さの勉強をしているときには、次のような問題を作っています。

しかも、実際にBさんが遊んでいた場面を使って作っているのです。

〈母問・例〉

Bさんは、アイロンビーズでキーホルダーを作っています。
それで、四角いプレートの上にビーズを並べます。
そのプレートの縦の長さは何センチ何ミリでしょう？

そして、Bさんは、ものさしで実際にそのプレートを測って答えを書いています。

そのあと、次のような問題になっています。

〈母問・例〉

ビーズの模様が上手にできたので、アイロンをかけて作品が完成しました。
その後、ひもをつけることにしました。

赤と緑のひもの長さは、それぞれどれだけでしょう？
赤と緑のひもの長さの違いはどれだけでしょう？

このような工夫により、問題がとても身近なものになっているのです。身近なので、具体的な場面や設定や人物や物をイメージしながら考えることができるわけです。

身近な文章問題だから、場面のイメージがすぐ浮かぶ

これは、算数の文章問題を解くときにとても大切なことです。というのも、文章問題の場合は、問題文に書かれている場面や設定などをイメージすることで、初めて式を作ることができるからです。本人に身近な文章問題をたくさん解くことは、そのような力を高めるのにとてもいい方法です。

また、このような身近な問題を作ってやることで、生活の中にいろいろと算数的な考え方ができるものがあるということを子どもに教えることもできます。

慣れてくれば、子どもは自分自身で生活の中にある算数的なものに気がつくようになります。

これこそ、算数のある生活です。

さらに、親の手作り問題には、一般的な問題集にはないよさがあります。

それは、わが子の理解度や習熟度に応じて問題が作れるということです。

たとえば、(　)を使う「100－(30＋50)」のような式がうまく作れないなら、それに応じた問題を繰り返し出すことができます。

しかも、簡単なところから始めて、理解度に応じて難しくしていくこともできます。

足し算と引き算の区別がよく分かっていないと思ったら、それらの入り交じった問題を作ることもできます。

また、前にやった大事なところを、おさらいのためにもう一度出すこともできます。

まさに、思いのままなのです。

究極の個別対応指導です。

どんな学校や塾の授業もこれほどの個別対応はできません。

文章問題に強くしてやりたいなら、「手作り文章問題」が一番

もし、自分の子どもが文章問題に弱いと感じているなら、この親の手作り問題はとてもいい方法です。

親子で楽しみながら、取り組んでみてください。

親子の触れ合いを深めるという点でも、これはとても優れた方法です。

親子日記（第4章で詳しく触れます）のついでに、父問か母問を一つずつ出すというのもいいかもしれません。

ところで、この例は算数の文章問題についてでしたが、他の教科でもやれると思います。

わが子の必要に応じてやってみるといいと思います。

では、参考として、あといくつか問題を載せておきます。


〈母問・例〉

Bさんは、お祭りで、1回300円の金魚すくいをやり、250円のヨーヨーを買いました。

最初に800円持っていました。

残りはいくらですか？


〈母問・例〉

Bさんは団子を5本買いました。
1本の串に団子が4ついています。
団子は全部で何個ですか?

〈母問・例〉
Bさんは身長が120センチメートルです。
弟は98センチメートルです。
Bさんは、弟より何センチメートル背が高いですか?

計算練習やそのほかの教科でも、手作り問題が一番

ここまで、主に手作り文章問題について紹介してきました。
でも、手作り問題がいいのは、文章問題だけに限りません。
計算練習やそのほかの教科の勉強でも、本当は手作りが一番いいのです。

特に、計算で苦手なものがあるときは、その子の〝つまずき〟に応じて必要な問題を出し続けてやることが大切です。

そうすれば、「ピンポイントの治療」をしてやることができるのです。


たとえば、わが子が「3007－859」のような「0」が二つ続く引き算の筆算と、「307－59」のような「0」が一つの引き算の筆算の区別がつかずに混乱しているとします。

そうしたら、最初は「0」が一つのものをたっぷりやらせて、次に「0」が二つのものをたっぷりやらせて、次に、混ぜ合わせたものをやらせるということもできます。

または、特に「0」が二つ続く筆算が苦手らしいとなれば、しばらくずっとその種の問題を出し続けることもできます。


実際に一度でもやってみれば、ピンポイントの手作り問題を出し続けてやることが、子どものつまずきを直してやるのにいかに有効かが分かるはずです。

第3章

理科のある生活

「星座カルタ」で天文博士に⁉

星座が言えることへの憧れ

私がかつて一緒に仕事をした同僚の先生で、C先生という星や星座にとても詳しい先生がいました。

ある日、私とC先生は遅くまで職員室で仕事をしていました。

仕事が終わって、二人で戸締まりをして一緒に外に出ました。

駐車場まで一緒に歩いているとき、突然C先生が空を指さして「今日はオリオン座がよく見えるね」と言いました。

私は、「あ〜、きれいですね。特にあの右と左の星がすごいですね」などと言ったと思います。

すると、C先生は「あれがオリオン座で、右の端にあるのがリゲル、左の端でオレンジに光っているのがベテルギウス」と教えてくれました。

「へえ！」

「その下のほうですごく輝いているのがおおいぬ座のシリウス。これは、全部の星の中で一番輝いているんです」

「ほお！」

「シリウスの左のほうで輝いているのが、こいぬ座のプロキオン」

「ふ～ん！」

「ベテルギウスとシリウスとプロキオンで三角形になってるでしょ」

「はい」

「これが冬の大三角形」

「お～！」

「冬の大三角形の向こうにボワ～ンと星の川みたいなのがあるでしょ？」

「はい」

「あれが天《あま》の川」

よし、「星座カルタ」を作ろう！

私は、聞いていて、かっこいいなあと思いました。

星や星座の名前が分かるなんて、かっこいいなあと思いました。

そういえば、私が子どものころ、近所のおじさんで星や星座に詳しい人がいたことを思い出しました。

その人が、盆踊りの帰りに、歩きながら星や星座の名前を教えてくれたことがありました。

そのときも、かっこいいなあと思ったものです。

「自分も星や星座の名前を覚えたい」
そういう気持ちは、ずっとあったのですが、特に何もしないまま月日は流れました。
そして、二〇〇四年に四年生を受け持っていたある日のことです。
星や星座の授業の準備をしているとき、急にパッとひらめいたのです。
星や星座をカルタにすれば覚えやすいのでは！
よし、「星座カルタ」を作ろう！
そうすれば、クラスの子たちがみんな星や星座が言える人になれる！
自分も一緒に覚えられる！

星座カルタに季節と主な星の名前も入れよう

そして、休日返上でカルタ作りに励みました。
カルタの読み札《ふだ》を作っているとき、とてもいいアイデアが浮かびました。

それは、星座の名前だけでなく、季節と主な星の名前も読み札に入れることです。

ですから、読み手は次のように読むことになります。

「冬によく見える〜〜〜

オリオン座〜〜〜

主な星は〜〜〜リゲルとベテルギウス〜〜〜」

これを聞いて、子どもたちは取り札の中からオリオン座をパッと取るわけです。

さらに、カルタの残りが少なくなり冬の星座が一枚しか残っていないときは、読み手が「冬に……」と言った瞬間にオリオン座を取ることができます。

もちろん、そのためには、オリオン座が冬によく見える星座だということを覚えておく必要があるわけです。

実際、子どもたちは、カルタに勝つために、その星座がよく見える季節もどんどん覚えるようになりました。

そして、もっと上達してきたら、季節と星座の名前は読まないで「主な星は〜〜〜リゲルとベテルギウス〜〜〜」と読むだけで取る、というように変えることもできます。

これで、星座の中の主な星も覚えられるというわけです。

我ながらいいアイデアだと思い、作りながらうれしくなってしまいました。

星座カルタを三段階に分けよう

星座カルタの取り札を作り始めたときも、とてもいいアイデアが浮かんできました。

それは、カルタを「初級」、「中級」、「上級」の三段階に分けて、無理なく段階的に覚えられるようにすることです。

初級のカルタは、星を表わす点と星々をつなぐ線だけでなく、イラストも描《か》きます。

たとえば、オリオン座のカルタには、オリオンが片手と片足を上げているイラストを描きます。

ですから、それがオリオン座のカルタだということが誰にでもすぐ分かります。

中級のカルタは、イラストが消えて、点と線だけになります。

上級のカルタは、線も消えて、星を表わす点だけになります。


実際の夜空には、イラストも星々をつなぐ線もありません。

ただ無数の星々が、バラバラの点として散らばっているだけです。

その中から星座を見つけ出すためには、この上級のカルタで取れるようになっておくことが必要なのです。


でも、いきなりこのような点だけのカルタをやらされても、おもしろくもなんともありません。

楽しいイラスト付きの初級カルタがあるからこそ、子どもたちは楽しく始められるの

「星座カルタ」の札見本

（夏《なつ》によく見《み》える）
はくちょう座《ざ》
（デ《で》ネ《ね》ブ《ぶ》）

読み札

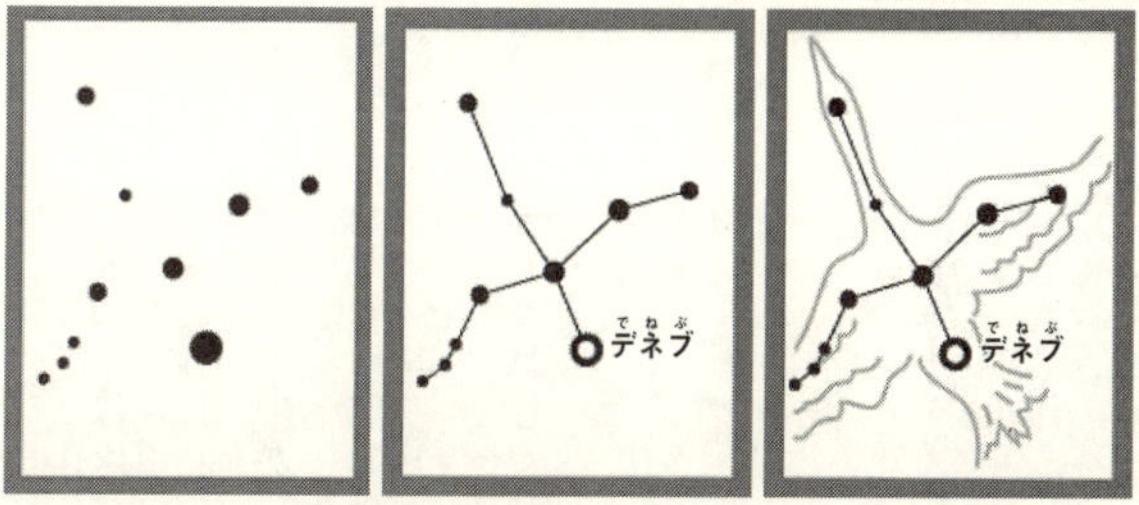

上級レベル　中級レベル　初級レベル

取り札

です。

そして、楽しく遊びながら段階的にステップアップしていき、最後には点々しか描いてない上級カルタをどんどん取れるようになるのです。

そして、そうなったときは、もう、実際の夜空に浮かぶ無数の星々の中からどんどん星座を見つけ出すことができるのです。

この三段階に分けるというアイデアがひらめいてから、ますますうれしくなってしまいました。

星座カルタに夢中の子どもたち

できあがったカルタを、実際に教室でやってみたら、子どもたちはもう大喜びでした。

休み時間にも楽しそうにやっていました。

ドリルカードのようにして、自分で問題を出して当てる練習をする子も出てきました。

一人2セット持たせて家でもできるようにしたら、兄弟や家族と楽しむようになりました。

それで、子どもたちは、あっという間に初級カルタをクリアしてしまいました。

イラストのない中級カルタも、子どもたちにとってはとても新鮮だったようです。

イラストも線もない上級カルタは、さらに子どもたちの挑戦意欲をかき立てたようで、とても張り切って臨《のぞ》む姿が見られました。

私は、自分が作った星座カルタを子どもたちが喜んでやってくれるのを見て、とてもうれしかったです。

星座カルタの驚くべき効果

星座カルタを始めてしばらく経《た》ったある日、クラスのある男の子のお母さんが、私に次のような報告をしてくれました。

ある日の夜のこと、その子は家の庭に出て、「あれがはくちょう座で主な星はデネブ。あれがさそり座で主な星はアンタレス」などと、星座や星の名前を次々と言い始めたそうです。

それを見ていたお父さんはとてもびっくりして、この子は天才ではないかと思ったそうです。

また、次の年に二年生でやったときは、ある女の子のお母さんが次のような報告をしてくれました。

その子は、プラネタリウムに行ったとき、映《うつ》し出された星と星座の名前をどんどん言い当てたそうです。

それで、周りの人はびっくりしたそうです。

クラスに置いてあった星や星座の本を、子どもたちが進んで読み始めました。それらの本は、それまではあまり読まれてはいなかったのですが。

また、家で星や星座の本を買ってもらって読む子もいました。

二年生で、星座盤を買って夜空を見る子も出てきました。

このように、このカルタで星や星座に興味を持った子は、どんどん自分でそれを発展させていくようになります。

小学校の授業がおもしろくなるだけではなく、その後の中学や高校の宇宙と天文学の勉強につながっていく可能性も大いにあるのです。

上級カルタが取れるようになると、夜空にある星々の中から、いとも簡単に星座を見つけられるようになります。

第4章

国語のある生活

いつの間にか漢字に強くなる「漢字カルタ」のすごい力

「部首カルタ」で楽しく楽勉

楽しく遊びながらいつの間にか漢字に強くなれる、すばらしい楽勉グッズがあります。

それは、「漢字カルタ」です。

私は、教師時代にいろいろな漢字カルタを作って子どもたちと楽しみました。

私が作った漢字カルタには、次のようなものがあります。

部首カルタ、同音異義語カルタ、同訓異義語カルタ、漢字誤字カルタ、二字熟語カル

タ、三字熟語カルタ、四字熟語カルタ

私が一番最初に作ったのは、「部首カルタ」でした。

部首カルタの表には、たとえば「りっしんべん」そのものが大きく書いてあり、その下に小さく「りっしんべん」と、その部首の名前が書いてあります。

カルタの裏には「心に関係がある」などと、その部首の意味が書いてあります。

子どもたちは表のほうが上になるように並べて、向かい合います。

私が「こころに〜かんけいが〜あ〜る〜う〜う〜」と言った瞬間に、子どもたちは「りっしんべん」の札を取ります。

取った子は、裏を見て「心に関係がある」と書いてあるのを見てにっこりするわけです。

それだけでは誰も取れないときは、私が続いて「りっしんべ〜ん」と答えを言ったときに取ります。

この部首カルタを四、五回やれば、子どもたちは部首の名前と意味をほとんど覚えてしまいます。

なんといっても一番いいのは、遊びながら覚えられることです。

子どもたちはカルタが大好きですから、「今から部首カルタをやるよ」と言えば、大喜びです。

部首カルタのすばらしい効果にびっくり

そして、ワーワーキャーキャー遊んでいるうちに、あっという間に部首の名前と意味を覚えてしまうのです。

カルタに負けて悔しかった子は、休み時間に覚えたり家で練習してきたりします。

カルタに勝ちたいという気持ちがモチベーションになるのです。

ゲーム好きという子どもの習性を、うまく利用するわけです。

そのうち、子どもたちは、国語の授業で新しい漢字を習うときに、「これは『さんずい』だから水に関係があるんだね」などと自分たちから言うようになります。

「老人の老は『おいかんむり』があるのは分かるけど、なぜ考えるという字に『おいかんむり』がついているのかな？」

「お年寄りのほうがいい考えがあるからじゃないの？」

などという会話も出てくるようになります。

部首のことを詳しく説明している本を読む子もいました。

それを、「自主勉ノート」に書き写してくる子もいました。

市販の部首カルタを自分のお小遣いで買って、友だちとやり始める子もいました。

子どもたちは、部首カルタという楽勉グッズで部首の名前と意味を覚えたわけですが、それだけでは終わらなかったのです。

それがきっかけになって、部首に対する興味がグンと高まりました。

そして、それは、子どもたちの漢字力向上に大いに役立ったのです。


漢字の部品である部首には、いろいろな意味があります。

そして、部首の意味を知っていると、知らない漢字でもその意味を想像することができるのです。

さらに、漢字を覚えるときにも、ただ機械的に覚えるのではなく、意味と関連づけながら覚えることができるのです。


このようなわけで、部首に詳しくなることは、漢字力向上に大いに役立つのです。

しかも、そのきっかけは、楽しく遊びながらできるカルタでいいのです。

「書き取り」だけが漢字の勉強ではない

ここまで、部首カルタについて詳しく書いてきました。
でも、漢字カルタは、部首カルタだけではありません。
いろいろな漢字カルタがたくさん出ています。
よく研究されていて、楽勉グッズとして優れたものもかなりあります。

漢字の勉強として、一番有名なのが書き取りです。
そして、実際、この書き取りはすごく大事です。
でも、書き取りだけが漢字の勉強ではありません。
漢字カルタも、漢字力向上に大いに役立つというのもまた事実なのです。

いち推《お》し「親子日記」でコミュニケーションと書く力はばっちり！

誰でもすぐに始められる「親子日記」

これは、私が受け持ったDさん親子に教わった方法です。

拙著『「親力《おやりよく》」で決まる！』でも紹介しましたが、何度でも紹介したいと思います。

というのも、これは取り組みやすくて、しかも効果抜群で、本当にすばらしい方法だからです。

数々の楽勉の中でも、私のいち推しです。

親子日記のやり方は、本当にシンプルです。

必要なのは、大学ノート一冊だけです。

これに、親子で順番に日記を書いていくのです。

ただそれだけです。


たとえば、子どもが「きょう、ねんどでおすしをつくったよ」と書きます。

そうしたら、親が「ねんどのおすしをみてみたいな。おとうさんも、こどものころ、ねんどがすきだったよ」などと書きます。


続けていると、子どもは、保育園、幼稚園、学校のこと、友だちのこと、先生のこと、勉強のこと、遊びのこと、けんかのこと、がんばったこと、見つけたことなど、いろいろなことを書くようになります。

さらには、失敗したこと、考えていること、悩んでいることなども書くようになります。

または、親に言いたいことなども書くようになります。

それは、感謝の言葉かもしれませんし、あるいはもっと言いにくいことかもしれません。

親子といえども、ときには面と向かってはなかなか言えないこともあります。

書くことで初めてうまく伝えられるものもあるのです。


親は、それに対する返事、感想、考えなどを書きます。

または、自分が子どものころのことを書いてやると、子どもはとても興味を持って読みます。

もちろん、親自身がその日にやったことや考えたことなどを書いてもいいのです。

また、親のほうからも、面と向かってはなかなか言えないことを書くことで伝えることもできます。

改めてほめてやったり、または、諭してやったりすることもできます。

親子日記は親子の心を結びつける

この親子日記には、いろいろなすばらしい長所や利点がたくさんあります。

まず、親子のコミュニケーションという点で、これほどいいものはないと思います。

書いたものを読み合うことで、お互いの理解は格段に深まります。

それは、「書く」という行為は内面にあるものを表面化させることだからです。

つまり、書いたものには、その人の内面がとてもよく表われるのです。

そこには、会話だけでは分からないものも表われます。

とんでもないいたずらっ子で遊ぶことしか考えていないように見える子でも、作文の中にすばらしい感性のひらめきを見せることがあるのです。

親子日記を続けていれば、普段の生活や会話だけでは分からないことまで分かり合えます。

そういう親子は、互いに深く理解し合い、心と心が強く結ばれるようになります。

親子日記なら楽しみながら作文力がアップする

次に、文章を書く力がつきます。

Dさんは、幼稚園の年長のときから親子日記を始めたのですが、最初はお母さんに字を教わりながら書いていたそうです。

ですから、始めたころは一日一行くらいだったそうです。

でも、毎日書いているうちに、一年後には大学ノート一ページを楽々書けるようになりました。

そして、小学校に入学してきたのです。

一年生のクラスの中でDさんの書く力は、質的にも量的にも飛び抜けていました。

たとえば作文では、様子や気持ちをとても詳しく書くことができました。

そして、ただ詳しいだけではなく、個性的で感性豊かな表現に溢《あふ》れていました。

今、文章力のことを書きましたが、当然、それを支える文字力もすばらしいものがありました。

一年生に入学してきた時点で、平仮名、片仮名はもちろん、漢字もかなり書けました。

そして、実際に鉛筆を手で持ってノートに書きつける力、書字力も優れていました。

つまり、鉛筆を持って字を書くときに必要な筋肉も鍛えられていたわけです。

ですから、長い時間書いていても疲れないのです。

ところで、Dさんはこれらの能力を苦労して身につけたのでしょうか？

いえ、いえ、そんなことはないのです。

毎日の生活の中で楽しみながら書いていただけです。

決して無理はしていないのです。

気が乗らない日はひと言しか書かない日もあったそうです。
書きたいときは、書きたいだけたくさん書いたそうです。

本当に気楽に、楽しみながら書いていたのです。
そして、その結果とても大きなものを得ることができました。
これこそが、楽勉の偉大な点です。

親子日記のコツと注意点

私は、子どもをお持ちのみなさんに、この親子日記を強くおすすめします。
そこで、親子日記のコツや気をつけるべきことをいくつか挙げておきます。

・無理をしないで、できる範囲で楽しくやることが大切です。
　子どもに無理をさせたら、それは楽勉ではありませんし、よけいに書くのが嫌いになることもありえます。
もしどうしても子どもが乗ってこないなら、やめることです。
書いてなくて叱《しか》るということがあるなら、やらないほうがいいのです。

・楽しく続けるための工夫を親がしてやってください。
書かないからと叱るのではなく、親が方法を工夫してください。
それでもダメならやめて、ほかのことをがんばればいいのです。

・親子日記がほめる材料になるようにしてください。
書いた内容をもとにほめたり、書いたこと自体をほめたりしてやってください。

・子どもへの返事は、共感的に書くことが大切です。
お説教のようになってしまうと、子どもは書かなくなります。

・叱られそうなことも正直に書いたときは、正直に書いたことをほめてやってください。

「国語辞典」ほど楽しいおもちゃはない!?

子どもたちは「国語辞典」が大好き

みなさんは、国語辞典が好きですか?
子どもたちは、好きだと思いますか?
実は、子どもたちは、国語辞典で言葉の意味を調べるのが大好きなのです。
そう言うと意外に思うかもしれませんが、実際そうなのです。

国語の授業で新しい教材に入るときに、私は、よく、そこで使われている難しい言葉の意味を国語辞典で調べさせていました。

意味を調べて国語のノートに書き写すという単純な勉強ですが、子どもたちはよく集中して取り組みます。

四五分の授業の間中、飽きることなく一生懸命に調べ続けます。

中には、休み時間にも引き続いてやる子もいるくらいです。

「国語の授業で一番楽しいひととき」と言った子もいたくらいです。

国語辞典の授業は大いに盛り上がる

私は、難しい言葉を調べ終わった子は、調べたい言葉を調べていいことにしていました。

すると、子どもたちは、ますます張り切って調べ始めます。

もう意味はよく分かっている言葉でも、国語辞典で調べてみると、けっこうおもしろいからです。

「勉強」を調べて「学問のこと」などと出てくると、「学問だって。かっこいいね」などと言って喜びます。

「理科」を調べて「自然のことについての学問」などと出てくると、「やっぱり学問なんだ」などと感心します。

テレビゲーム好きな子が「ゲーム」を調べて、「遊びのこと」などと出てくると、拍子《ひょうし》抜けします。

野球少年が「野球」を調べて喜んでいると、負けてはならじとサッカー少年が「サッカー」を、バレー少女が「バレー」を調べます。すると、「バレエ」のところに「フランスで始まった踊り」などと出ていて、憤慨《ふんがい》します。

そのあとで、「バレーボール」のところに、目的の説明が出ていて安心します。

中には、すぐ「うんこ」とか「おしっこ」などという言葉を調べたがる子が必ずいます。

ほとんどの場合、男の子です。

「『うんこ』が出てない！」と言うと、「『大便』で調べてみたら？」などという親切なアドバイスが飛び出します。

「大便」で調べると「ふん。くそ」などと出ていて、大いに盛り上がります。

その後、子どもたちの関心は一気にそちらのほうへ傾きます。

「便所」「小便」などを調べ始めます。

子どもたちは、その手の言葉が大好きなのです。

そういう流れをよそに、中には、「心」などという言葉を調べる子もいます。

または、ひたすら、自分の関心のある分野の言葉を調べる子もいます。

食べるのが大好きな子は「ラーメン」を調べて喜んだり、「チャーハン」が出ていないといって憤慨したりしています。

知っている言葉を調べるとおもしろい

変な流れを引き戻すために、私が「東」と「西」を調べるように言います。

すると、「東」には「太陽が昇る方向」などと出ています。

そうすると、子どもたちは喜んで、「『西』は太陽が沈む方向だ！」と言いつつ先を争って調べます。

こういうとき、一番に見つけた子は英雄のようなものです。

すると、思った通り「西」には「太陽が沈む方向」などと出ています。

次に、「北」を調べるように言います。

すると、「北」には「太陽が出る方に向かって立ったとき、左にあたる方向」などと出ています。

そうすると、子どもたちは、また、喜んで、「『南』は太陽が出る方に向かって立ったとき、右にあたる方向だ！」と言いつつ先陣争いが始まります。

すると、思った通りの説明が出ていて、子どもたちは大いに喜びます。


それで、今度は「右」を調べるように言います。

すると、「南を向いたとき、西になる方」とか「北に向いたとき、東にあたる側」とか「東に向いたとき、南になる側」などと出てきます。

子どもたちがいろいろな種類の国語辞典を持っているときは、その説明を黒板に書かせて比べるとおもしろくなります。

子どもたちはあっちを向いたりこっちを向いたりしながら、一つ一つその説明を確かめようとします。


このように、すでに意味を知っている言葉を国語辞典で調べると、新しい発見があっておもしろいのです。

こういう授業の後は、休み時間になっても国語辞典でいろいろ調べて楽しむ子が出てくるほどです。

国語辞典を食卓やリビングに置けば、すぐ手に取れる

私は、ぜひ、家でも国語辞典に親しませるといいと思います。

食卓やリビングなど、すぐ手に取れるところに国語辞典を置いておくことをおすすめします。

そして、分からない言葉やおもしろい言葉が出てきたら、すぐ調べる癖をつけるといいと思います。

調べたらおもしろいと思う言葉を、親がそれとなく言ってやることも大切だと思います。

「芸能人の芸能って、どういう意味なのかな？」というように、言ってやるのです。ときには、親自身が国語辞典で言葉を調べておもしろがるところを見せてやるといいと思います。

親が楽しく調べる姿は、子どもにとっていい見本になります。

また、調べた言葉にマーカーで色をつけるようにするといいのです。

そうすると、何かの言葉を調べているときに、以前色をつけた言葉にもパッと目が留まるようになります。

そこで、瞬間的にですが、その言葉の意味がまた思い起こされます。

これが〝おさらい〟になるのです。

こうすると、続けているうちに、だんだん色をつけた言葉が増えていきます。

これがまた楽しいのです。

達成感が味わえるからです。

「わたしの大切な国語辞典」という感じになってくるのです。

子どもに合った国語辞典を持たせることが大切

ところで、このように国語辞典に親しませるためには、「その子専用の国語辞典」を持たせる必要があります。

でも、その国語辞典は、どんなものでもいいというわけにはいきません。

子どもが国語辞典を好きになるかどうかは、使う国語辞典によってかなり影響されるのです。


では、どのような国語辞典を買えばいいのでしょうか？

ひと言で言えば、その子の能力に合っているものを選ぶことが大切です。

その子の能力を超えたものだと、国語辞典の楽しさを味わうことができないからです。

低学年の子が高学年向きのものを使っても、国語辞典で言葉を調べるおもしろさを味わうことなどできません。

むしろ、苦痛に感じて国語辞典を嫌いになるだけです。

でも、困ったことに、子ども用の国語辞典には、低学年用とか高学年用などと明示してないのです。

明示してあれば、選ぶときにだいたいの目安として参考になると思うのですが。

もし、これをお読みの方の中に国語辞典の出版関係の方がいらっしゃったら、ぜひお願いしたいと思います。

明示してない以上、選ぶ側が慎重に選ぶ必要があります。

親たちがわが子のために選ぶときは、いくつかの国語辞典を比べてみることが必要です。

そして、その際は、実際に開いて、中身を見て比べてください。

決して、表紙だけで決めないようにしてください。

国語辞典の選び方には、五つのポイントがある

では、一つ一つ詳しく選び方のポイントを見ていきましょう。

一つ目は、「活字の大きさ」です。

低学年の子は小さい活字を読むのが苦手です。

活字が小さいと読みにくくて、それだけで抵抗を感じてしまうのです。

いくらほかの点で優れていても、読みにくいものは使いにくいのです。


二つ目は、「説明や用例の文章に振り仮名がどの程度ついているか」ということです。

ひと口に小学生用の国語辞典と言っても、振り仮名のつけ方は千差万別です。

全部の漢字についているもの、三年生以上で習う漢字だけについているもの、あまりついていないものなど、さまざまです。

言葉の説明が理解できるかどうかは、漢字が読めるかどうかによって決まってきます。

ですから、振り仮名のつけ方はとても大切なポイントです。

三つ目は、「意味の説明や用例の難易度」です。

説明や用例が難し過ぎると、低学年の子には分かりません。

一つの言葉をいろいろな国語辞典で調べて、その説明や用例を比べてみるとよく分かります。

四つ目は、「見出し語の数」です。

これは、その国語辞典にいくつの言葉が出ているかということです。

二万五千語とか三万語などと、どこかに必ず明示してあります。

この見出し語の数があまり少ないと、高学年の子には物足りなくなります。

というのも、知らない言葉を調べても出ていなかったということになりがちだからです。

五つ目は、「イラストや図解の多さ」です。

国語辞典で楽しむ五つの方法

では、次に、家で国語辞典で楽しむための方法をいくつか紹介したいと思います。
これについては、すでに二つ紹介してあります。
一つ目は、国語の教科書に出てきた言葉を調べることでした。
二つ目は、知っている言葉を調べることでした。
三つ目は、いろいろな教科書に出てくる言葉を調べることです。
私が子どもたちによくやらせたのは、算数の教科書に出てくる言葉を調べることです。

たとえば、「分数」「足し算」「計算」「式」などという言葉です。算数の教科書とは違う説明が出ていて、興味が持てます。

場合によっては算数の教科書の説明より、簡潔で分かりやすいこともあります。「割り算」には、「ある数が別の数の何倍かを求める計算」などと出ています。なるほど、それが割り算の本質なのだ、ということが分かります。

同じように、理科や社会や音楽など、いろいろな教科書に出てくる言葉を調べるとおもしろいと思います。

四つ目は、テレビ、新聞、本などに出てきた言葉を調べることです。

たとえば、テレビで「芸能人」という言葉を聞いて「芸能」を調べると、「芸能」の本来の意味が分かります。

「タレント」は「才能、素質」という意味だと知ると、子どもたちは妙に納得します。

「国会」とか「党首」などという言葉の意味を知っておけば、六年生の社会の勉強でも役に立ちます。

五つ目は、親子の会話に出てきた言葉を調べることです。会社勤めのお父さんの口から出た「社長」「支店」「月給」などという言葉や、PTAの役員をしているお母さんの口から出た「役員」「広報部」などという言葉を調べるのもおもしろいです。

お父さんやお母さんの仕事について、少しは分かるようになります。

国語辞典は言葉の宝箱

ところで、学校の授業では、三年生か四年生の国語で初めて国語辞典の使い方を勉強します。

でも、何もそれまで待つ必要はないのです。

子どもの能力にもよりますが、一、二年生から家で使い始めてもいいのです。

私は、一、二年生のころから、楽しみながら国語辞典に親しんでおくことをおすすめします。


国語辞典は言葉の宝箱です。

小さいときから、絵本やおもちゃのような感覚で国語辞典に親しませてやってください。

そうすれば、言葉に興味を持って、どんどん言葉を覚えていくことができます。

言葉を覚えることが国語力をつけることです。

そして、それは、また、思考力をつけることでもあるのです。

第5章

社会のある生活

博物館、遺跡、史跡……「本物体験」が歴史好きへの早道

歴史だけはどうも苦手だったEさん

私が六年生で受け持った子で、歴史の勉強が苦手な女の子がいました。仮にEさんとします。

Eさんは、とてもまじめな子で、ほかの勉強はよくがんばっていて成績もけっこうよかったのです。

でも、どうも歴史だけは苦手でした。

同じクラスに、歴史だけは得意という男の子が数名いたので、その子たちと対照的で

した。

その男の子たちは、みな四年生くらいから「歴史漫画」を読んでいて、六年生で歴史の授業が始まった途端に大ブレイクしたのです。

この歴史漫画については第6章でも触れますが、これも本物体験と同じく歴史を好きにするためにとてもいいものです。

大活躍を始めた彼らを横目に、Eさんは、歴史の授業になると憂鬱《ゆううつ》でした。「縄文式土器」と「弥生式土器」の違いがどうのこうのという話にも、あまり興味が持てません。「円墳」がどうの「前方後円墳」がどうのという話も、ちっとも楽しくありません。

本人はまじめでもともと勉強が好きなので、なんとかがんばりたいという気持ちはあるのです。

でも、どうも興味が持てなかったのです。

そうこうしているうちに、一学期は終わってしまいました。

二学期に急に歴史が好きになった理由とは？

ところが、このEさんが、二学期になったら、急に歴史に対して前向きになったのです。

知識の量はそれほどではありませんでしたが、一学期に比べたら気持ちの面で明らかに違っていました。

私は、不思議に思って本人に聞いてみました。

そうしたら、なんと、夏休みの間に静岡県内の博物館や史跡を一〇カ所も見てきたとのことでした。

お母さんに聞いたら、Eさんの歴史への苦手意識をなんとかしようと、親子で一緒に時間を見つけては訪ね歩いたそうです。

今は、大概の市町村に郷土博物館や歴史資料館があります。

また、遺跡や史跡もあちこちにかなりたくさんあります。レジャーを兼ねて、そういうところを片っ端《ぱし》から見て回ったとのことでした。

教科書の写真でしか知らなかった物を目の前で実際に見るのは、得難《えがた》い経験だったとそのお母さんは言っていました。

縄文時代の火焔式《かえんしき》土器はやはり迫力があって、しばらく見とれていたそうです。すると、小さな博物館であまり客がいなかったので、学芸員の人がこっそり持たせてくれたそうです。

歴史の〝実物〟で本物体験をしたら歴史が大好きになった

豊臣秀吉《とよとみひでよし》が着ていた羽織《はおり》も見ました。

徳川家康《とくがわいえやす》が子どものころ住んでいた部屋にも入りました。

登呂《とろ》遺跡で竪穴式《たてあなしき》住居に入り、火おこし体験もしました。

古代の赤い米を買って、それを家で炊《た》いて食べました。

どこかの博物館の売店で、縄文時代人の声の復元をしたCDも買いました。


二学期の歴史の授業は、ちょうど信長《のぶなが》、秀吉、家康が活躍した時代からでした。

夏休みに、秀吉や家康の遺品に接してきたEさんにとっては、それもよかったようです。

授業が始まると、一学期とは別人のような張り切りようでした。


それは、そうです。

なんといっても、歴史の実物を目の前で見てきたのですから。

目の前で実物を見るというのは、とてもインパクトがあることです。

家康が子どものころ住んでいた部屋に入れば、家康がグンと身近になります。

「ふ〜ん、あのおじさん、子どものころここで寝そべったりしてたのかな？」などと思うかもしれません。

目の前で実物を見ることで、歴史の中には、実際に人間が生きていたのだということが分かります。

そこには、確かに人間の生活や人生があったということが分かるのです。

写真や教科書の説明だけでは、どうしてもその辺りの実感に欠けます。

ですから、なかなか興味がわいてこないのも無理からぬことなのです。

特に、初めて歴史の勉強をする子どもたちにとっては、実物に接することがとても大切です。

本物体験が子どもに与えるインパクトの大きさは、大人が思っている以上のものです。

ですから、この親子のように、博物館、遺跡、史跡などでぜひ本物体験をさせてやってください。

土器、曲玉《まがたま》、銅鐸《どうたく》、埴輪《はにわ》、火おこし機、昔の農耕道具、鎧《よろい》、兜《かぶと》、刀、鉄砲、絵巻物《えまきもの》などなど、いろいろな本物を見せてやってください。

本当は、四、五年生のころから少しずつ心がけておくといいと思います。そうすれば、六年生の最初から歴史の勉強に前向きになれます。

でも、六年生になってからでもいいので、ぜひやってみてください。

「勉強しなさい」と口先だけでガミガミ言うより、よほど効き目があるはずです。

テレビのある部屋に地図帳を置くだけ！親子で地理が得意になる

テレビで出てきた地名を地図帳で調べてみよう

私は、テレビのある部屋に地図帳を置くことを繰り返し繰り返しすすめています。懇談会でも毎年言ってきましたし、メールマガジンにも書きました。

ですから、もう分かっているよという人もいるかもしれません。

それでも、また、ここでも改めて言いたいと思います。

というのも、これがとてもいい楽勉だからです。

楽勉の代表と言ってもいいくらい効果があるからです。

それに、私自身、この楽勉が大好きだからというのもあります。

みなさん、ぜひ、テレビのある部屋に地図帳を置いてください。

テレビをつけるときには、手元に置くようにしてください。

そして、テレビでどこかの地名が出てきたら、地図帳でそこを探すのです。

ポップコーンのコマーシャルで、広々としたトウモロコシ畑が映ったとします。

そして、「アイオワのトウモロコシが原料です」などと言ったとします。

そしたら、すぐに地図帳でアイオワを探すのです。

すると、アイオワとはアメリカ合衆国の州の一つで、大陸の真ん中にあることが分かります。

そして、そこにはトウモロコシの絵が描いてあったり、トウモロコシ畑の写真が出ていたりします。

それで、地図を見ながら「なるほどアメリカの真ん中のここら辺には、あのすごいトウモロコシ畑が延々と広がっているのだな」と納得します。

時間にすれば二、三分のことですが、ただこれだけで、地理についてのいくつかの知識が頭に入ります。

調べた証拠にアイオワという字の上にマーカーで色をつけておけば、それを見るたびに広々としたトウモロコシ畑の映像が浮かんできて、記憶の定着に役立ちます。

テレビには、いろいろな土地が映像つきで出てくる

世界一高い山としてエベレストが映し出されたときは、エベレストを探します。そうすれば、「エベレスト（チョモランマ）」と書いてあるのを見つけ、別名がチョモランマだということが分かります。

エベレストがヒマラヤ山脈の中にあり、ネパール王国と中華人民共和国にまたがって

いることも分かります。

地図で焦《こ》げ茶色になっているところが、高い山だということも分かります。

日本の米所として秋田県の八郎潟《はちろうがた》が映し出されたときは、八郎潟を探します。

そうすれば、テレビに黄緑の水田が映っているのと同じように、地図でも黄緑になっていることが分かります。

飯田線《いいだ》で旅をする番組のときは、地図でそれをたどりながら見ます。

飯田線の電車が走る横に川が映し出されたら、その川の名前を調べます。

すると、天竜《てんりゅう》川という川が飯田線と並行して流れていることが分かります。

そして、飯田線も天竜川も山と山の間に細々と続いている平地のところをたどっているということも分かります。

このように、テレビには、いろいろな土地が映像つきで出てきます。

ただ漠然と見ている手はありません。

楽しみながらやっているうちに、地理に関する知識がどんどん身についていきます。

地理の授業は、なぜつまらないのか？

ところで、みなさん、中学や高校のとき、地理の勉強は楽しかったですか？

私は、全然楽しくなかったです。

どこの国のどこはどんな気候で、どんな土地で、何がとれて、何が盛んで……などという勉強に全然興味が持てませんでした。

地理の勉強を教室で楽しく行なうのは、実はなかなか難しいのです。

たとえば、「アメリカ合衆国の内陸には大農業地帯がある。アイオワ州ではトウモロコシがたくさんとれる」などと教えられたとします。

聞いているほうは、それがどうした？　という感じですよね。

もちろん、教師は、子どもたちの興味をかき立てるような工夫をしなければなりません。

映像を使ったり、白地図に色をぬらせたり、旅行のパンフレットを集めさせたりと、いろいろな方法が開発されています。

でも、どうしてもなかなか乗ってこない子もいるのです。

というのも、子どもにとって縁遠い話が多いからです。

子どもにとってほとんどの話が無関係なのです。

楽勉をしていれば、地理の授業もおもしろくなる

そこで、子どもの毎日の生活の中で、自然に地理に興味を持つようにしていくことが大切なのです。

全国の鉄道路線の勉強で、いろいろな鉄道の名前が出てきます。飯田線が出てきて、自分の地図帳を見たら、そこにマーカーで色がついています。そこで、飯田線が山と山の間を縫って走る様子をテレビで見たことが思い出されます。

米の生産地の勉強で秋田県が出てきたら、八郎潟の映像が浮かんできます。世界地理の勉強で山脈が出てきたら、ヒマラヤ山脈の映像が浮かんできます。世界の農業の勉強でアメリカが出てきたら、アイオワ州のトウモロコシ畑の映像が浮かんできます。

こうなってくると、地理の勉強がおもしろくなってきます。無関係な話と無味乾燥な丸暗記の勉強ではなくなるのです。

私自身、中学や高校のとき、地理の勉強を本当に退屈に思っていました。

でも、大人になってこの楽勉をするようになってから、地理が大好きになりました。

この楽勉は本当に楽しいものです。

ときには、テレビの続きを見るのを忘れて、地図の世界に入り込んでしまうこともあるくらいです。

はっと気がつくとその番組が終わっていた、などということもよくあります。

これは、大人も子どもも楽しめる、本当にいい楽勉です。


今、本屋に行けばいろいろな地図帳が売られています。

地図ブームといってもいいくらい、たくさん出ています。

子どもの楽勉に適した地図帳もたくさんあります。

ぜひ、親子で楽しみながら、親子で地理に強くなってください。

「親子散歩」で地域社会への目を開く

三、四年生の社会のポイントは「地域社会の学習」

三、四年生の社会では、地域社会のことを勉強します。では、地域社会の何を勉強するのでしょう？だいたい次のようなことです。

地域の地理や暮らしの様子、店やそこで働く人の様子、農家の仕事の様子、工場の仕事の様子、火事や事故や事件や災害への対策、ごみ処理と再利用、上下水道の仕組み、地域の歴史、県の様子、地域の産業や伝統工業。

これらのことが自分の地域でどうなっているかを勉強するのが、三、四年生の社会です。

地域ですから、主に自分の市町村のことになります。

四年生の後半に、県レベルのことが少し入ってきます。


では、なぜ、三、四年生の社会で地域のことを勉強することになっているのでしょうか？

それは、この後の五、六年生や中学の社会の勉強の土台を作っておくためです。

五年生の社会で勉強するのは、地理と産業と環境です。

六年生の社会で勉強するのは、歴史と政治と国際関係です。

地域社会の学習は、社会の勉強への縁作り

このような五年生以降の社会の勉強は、ともすると子どもたち自身の生活や興味関心

からかけ離れたものになりがちです。

はっきり言うと無縁なものが多いのです。

そこで、まず、三、四年生で、地域にある身近なものをもとに、そういう勉強への興味関心を養っておく必要があるわけです。

つまり、〝縁〟を作っておくのです。

たとえば、六年生で歴史の勉強をしますが、縄文時代、弥生時代、古墳時代、飛鳥《あすか》時代……とやっていっても、多くの子どもたちには無縁な話です。

でも、三、四年生でやる地域の歴史は、もっと身近で縁があります。

というのも、お父さんが子どものころにやった遊びとか、おばあちゃんの家にある昔の洗濯板とか、近くの広場にある江戸時代の常夜灯《じようやとう》とか、公園にある戦没者慰霊碑《いれいひ》などを調べる勉強だからです。

また、五年生で産業の勉強をしますが、農業、工業、水産業、情報産業とやっていっても、これまた無縁なものが多いのです。

でも、三、四年生でやる産業の勉強は、もっと身近で縁があります。近くの農家の野菜作りの工夫を調べたり、地元の工場を見学したりする勉強だからです。

このように、三、四年生の地域の勉強は、五年生以降の社会の勉強につながっていくものが多いのです。

地域社会の学習が発展したところに社会の勉強がある

地域の地理や暮らしの様子は、日本地理の勉強につながります。

店やそこで働く人の様子は、産業の勉強につながります。

火事や事故や事件や災害への対策は、政治の勉強につながります。

ごみ処理と再利用や上下水道の仕組みは、環境の勉強につながります。

このような系統を考えて三、四年生の社会の勉強は組み立てられているのです。ただやたらに地域の勉強をしているのではなく、それはすべてこの後の社会の勉強につながっているのです。
三、四年生の段階で、身近な地域社会への興味を育てておくことが、その後の社会の勉強のもとになるのです。
ここで興味が持てないと、もっと縁の遠いレベルの勉強になったときには、さらに興味が持てなくなってしまうのです。

「親子散歩」で知的な刺激ができる

そこで、私は、小さいときから地域社会へのもろもろの興味関心を育ててやることをおすすめします。

そのためにとてもいい楽勉があります。

それは「親子散歩」です。

親子で地域を散歩しながら、知的な刺激をしてやってほしいのです。

たとえば、散歩の途中で「常夜灯」があったとします。

ただ通り過ぎるだけでは知的な刺激はできません。

「これなんだと思う？」

「う～ん……何かの記念碑？」

「残念。昔、この台の上に何かを置いていたんだよ」

「お水？」

「その反対」

「お湯？」

「残念。行燈《あんどん》というものを置いていたんだよ」

「行燈て何？」

「紙の箱の中に油の入ったお皿を置いて、その油を燃やすんだよ」

「ふうん……」

「水戸黄門《みとこうもん》の中でよく出てくるよ」

「ああ、お代官様と越後《えちご》屋がこっそり相談するところで出てきたやつ？」

「大正解」

「やった」


「では、何のためにこんなところに行燈を置くと思う？」

「道を明るくするため？」

「おお、大正解！　頭がいいね」

「えへん」

「つまり、これは昔の街灯というわけで、名前は常夜灯というんだよ」

「ジョーヤトー？」

「字はこう書くんだよ」（スマホの画面で書いて見せてやる）

「ふうん……」

「『常』はいつもという意味で、『灯』はあかりという意味で、『夜にいつもつけるあかり』ということだね」

「昔の人もすごいね」

「ほら、ここに何か書いてあるよ」

「文、何とか、十二年」

「文政十二年と読むんだよ。文政というのは、江戸時代の終わりに近いころだよ」

このような感じで知的刺激をしてやれば、身近な歴史への興味が育っていきます。

松並木、お蔵、古い民家、一里塚、銅像、記念碑など、いろいろなものがきっかけになると思います。

郷土博物館や資料館などがあれば、ぜひ、一緒に行ってほしいと思います。

親子散歩で「安全」について考える

また、親子で散歩しながら、交通安全や不審者対策についても考えることができます。

まず、登下校路や遊びに行くときによく通る道などを、親子で実際に歩いてみることをおすすめします。

また、遊び場やよく子どもたちが行く場所についても同じです。

そして、危ないところを見つけ出したり、どうしたら安全を守れるかについて話し合ったりしてほしいと思います。

こういうことをしておけば、子どもの安全に対する意識は格段に高まります。

それが、いざというときに役立つのです。

と同時に、安全な地域を作るために人々がどのように協力しているかということも学べます。

たとえば、役所と警察の仕事や地域の人々の果たす役割などについてです。

また、逆に、どうしてもっとどんどん安全対策を取ることができないのか考えてみるのもいいと思います。

カーブミラーやガードレールが必要なところに、なかなかつけてもらえないこともあります。

陸橋が必要なのに、いつまで経《た》ってもそのままのところもあります。

その理由を親子で考えることも、とてもいい社会の勉強になるのです。

このような身近な問題点を考えることは、社会の勉強の本質といっていいものです。

それが、六年生三学期の政治の勉強につながっていくのです。

親子散歩で「産業の勉強」の土台を作る

また、親子で散歩しながら、地域の工場や農家について知的な刺激をするのもいいですね。

たとえば、次のようなことを話題にするといいでしょう。

何を作っているのか、働いている人はどんな服を着ているのか、どんな機械があるのか、排水や排煙や騒音などの環境への影響はどうなのか、地域にはどんな工場が多いのか。

農家については、次のようなことを話題にするといいでしょう。

何を作っているのか、どうやって作るのか、季節ごとに何をするのか、どんな工夫をしているのか、大変なことは何か、働いている人の願いは何か、地域の農業ではどんなものを作っているのか。

これが五年生の産業の勉強につながっていくのです。

五年生で勉強するときは、工業にしろ農業にしろ日本全国が対象になります。

静岡県の子も秋田県の米作りのことを勉強するのです。

それまでに、農業や米作りに縁のなかった子は、なかなか興味が持てないのです。三、四年生のうちに地域の農業や米作りに興味を持つことができていれば、五年生のその勉強への意欲はまったく違ったものになります。

五年生以降の社会の勉強に興味が持てるかどうかは、三、四年生で決まります。地域にある身近なものをもとに、社会的な勉強への興味関心を養っておいてください。

ぜひ、知的刺激のある親子散歩で、地域社会への目を開いてやってください。実際にやってみれば、これほど楽しいひと時はないと分かるでしょう。親子の触れ合いを楽しみながら、大いに楽勉してほしいと思います。

第6章

「学習漫画」は楽勉の最高傑作

私が出会った博士たち

子どもといえども、小学生くらいになると、特定の分野にすばらしく詳しい子がいるものです。

一年生でも、たとえば虫についてはすごく詳しくて、普通の大人以上の知識を持っているという子もいます。

魚については誰にも負けない、恐竜の名前は全部知っているなどという子もいます。

そういう子を、私は、「〇〇博士」と呼んで賞賛してきました。

私が二三年間の教師生活で受け持った約七〇〇人の子どもの中には、実にいろいろな博士がいました。

虫博士、植物博士、魚博士、恐竜博士、自動車博士、ことわざ博士、漢字博士、お天気博士、電気博士、地図博士、歴史博士、算数博士、理科博士などなどです。

私は、記念すべき第一号の博士のことをよく覚えています。

先生になり立てのころ、私のクラスにFさんという子がいました。

あるとき、学校の掃除の時間に、子どもたちと花壇の草を取っていました。

私が手当たり次第に取っていると、Fさんがこう言いました。


「先生、それはホトケノザ（仏の座）という花だから取っちゃダメだよ」

「えっ、そうなの？」

「そう、そう、この丸いところに仏様が座るから仏の座っていうのよ」

「へえ～、そうなの！　よく知ってるね」


それで初めて気がついたのですが、Fさんは草花の名前をすごくたくさん知っていたのです。

さらに、名前だけでなく、植物のことをいろいろ知っているのでした。

植物には「一年生植物」と「多年生植物」があるとか、「風媒花《ふうばいか》」や「虫媒花《ちゅうばいか》」などという言葉も知っていました。

ですから、当然のことながら、理科の植物の授業ではいつも大活躍でした。

それで、私はFさんを「植物博士」と呼び始めました。

「学習漫画」が子どもを博士にする

私は、なぜこの子はこんなに植物に詳しいのかなと不思議に思いました。

でも、たぶんお父さんかお母さんが詳しいのだろうなどと漠然と思っていただけで、特に理由を聞くことはなかったのです。

ところが、その理由が、家庭訪問をしたときにはっきり分かったのです。

Fさんの本棚には、植物に関する本がたくさんあったのです。

そして、お母さんは、「一番よく読んでいるのがこれです」と言って一冊の本を取り出してくれました。

中を開いて見てみると、それは、なんと漫画ではありませんか。

でも、ただの漫画とは明らかに違います。

植物についてのいろいろな知識を、子どもに分かりやすく説明した漫画だったのです。

Fさんは、その漫画を繰り返し繰り返し読んでいるとのことでした。

そして、実際に花も育て始めたとのことでした。

「これはいい！」と直感

ところで、よく見ると、その本には「学習漫画」という表示がありました。

私は、「えっ！」と思いました。

私は、それまで、そのような学習漫画というものがあるとは、まったく知りませんでした。

というのも、私が子どものころには、そういうものはなかったからです。

私は、そのとき初めて学習漫画というものがあることを知ったのです。

そして、「これはいい！」と直感しました。
これは、楽しみながら知識を身につけるのに最高だと直感したのです。
実際に、目の前に、そのすばらしい実例であるFさんもいるのです。
私は、目を開かれたような気持ちになり、うれしくなりました。
それから、私は、本屋に行って学習漫画を一〇冊くらい買い込みました。
そして、クラスに置いて子どもたちに読ませてやりました。

はっきりとは覚えていませんが、だいたい次のような本だったと思います。
昆虫のひみつ、植物のひみつ、カブトムシとクワガタの飼い方、人間の体、動物のふしぎ、宇宙のひみつ、漢字のひみつ、分数のひみつ、ことわざ大事典、歴史人物事典、
教室に置くとたちまち大人気で、子どもたちは、むさぼるように読んでくれました。
これが、私と学習漫画の最初の出会いでした。

博士＝学習漫画

私は、その後も、教師生活の中でいろいろな博士に出会いました。

その経験から言えるのは、そのような博士たちはかなりの割合で学習漫画からその知識を得ていたということです。

その子たちの家には、必ずといっていいほど、学習漫画があったのです。

ですから、私の頭の中では、「博士＝学習漫画」という式ができあがっているのです。


中でも、一番多く出会ったのが歴史博士たちです。

六年生で初めて日本の歴史を勉強するのですが、このとき歴史博士たちが大活躍するのです。

そのほとんどが、だいたい四年生くらいから歴史漫画を読んできた子たちです。

歴史漫画とは、学習漫画の一種で、歴史上のできごとや人物を漫画で描いたものです。

教科書の説明というものは、たとえば「足利尊氏《あしかがたかうじ》は鎌倉《かまくら》幕府を倒して室町《むろまち》幕府を開きました」という書き方です。

ところが、歴史漫画では、この間のできごとが人間のドラマとして詳しく描かれているのです。

数々の歴史上の人物が登場し、泣いたり笑ったり怒ったりしながら、生き生きと活躍しています。

教科書より、何百倍もおもしろく描かれているのです。

私も歴史博士を何人か受け持ちましたが、彼らはみな歴史漫画を読んで歴史博士になったのです。

ちょっと変わったところでは、語源博士の子がいました。

その子は、いろいろな言葉の語源にとても詳しいのです。

「先生、なぜ、驚いたとき『めんくらう』って言うか知ってる？」

「ううん……驚くと、食べかけのおそうめんを飲み込んでしまうから！」

「ブーッ、剣道の竹刀《しない》で面をくらうとびっくりするからだよ」

「ああ、そっちの『メン』なんだ」


こういう感じで、よく問題を出されたものでした。

その子のネタもとは、語源を扱った学習漫画でした。

そのうち、学習漫画以外の語源の本も読むようになりました。

そして、それを自分で漫画にして見せてくれたこともありました。

学習漫画の長所・一つ目、「おもしろくて読みやすい」

では、なぜ学習漫画はたくさんの博士たちを生み出すことができるのでしょうか？

それには、どのような長所があるのでしょうか？

長所の一つ目は、おもしろくて読みやすいということです。

おもしろいのは、ストーリー仕立てになっているからです。

読みやすいのは、漫画の絵が多くて文字が少ないからです。


たとえば、今私の手元にある、地球の秘密や謎を扱った学習漫画を見てみましょう。

これは、主に、理科の地学の内容を扱ったものです。

地学の勉強は、小学校の六年生でその初歩をやり、その後は、中学、高校で詳しくやることになります。


国語辞典『大辞泉《だいじせん》』によれば、地学とは次のような勉強です。

「地球およびその構成物質に関する科学。地質学・地球物理学・地球化学・岩石学・鉱物学・海洋学・気象学・地形学などを含む」

これを読むと、いかにもかたそうな感じがします。

ところが、これが学習漫画になると、とても柔らかくなるのです。

まず、宇宙人がある小学生の子の家にやってきて、その子を宇宙船に乗せてくれます。そして、宇宙から地球を見たり、地球の各地を見に行ったり、地球の過去を見に行ったりします。

ところどころにお笑いがあったり、けんかがあったり、トラブルがあったりしながら、ストーリーが進みます。

その中で、宇宙人やロボットが地学に関する内容を説明してくれるのです。

このような工夫があるので、とてもおもしろく読めます。

それで子どもたちがどんどん読めるのです。

この学習漫画と同じような内容を、漫画以外の本で子どもたちに伝えるとなると、どうでしょう？

つまり、ストーリーも漫画の絵も使わずに、文字や写真だけで伝えるとしたらどうでしょう?

とてもではありませんが、子どもは読む気にならないと思います。

学習漫画の長所・二つ目、「分かりやすい」

長所の二つ目は、分かりやすいということです。

学習漫画では、難しい内容も分かりやすく説明することができます。

というのも、漫画による図解と言葉による説明が相乗効果を発揮するからです。

教科書や一般の本では、どうしても言葉での説明が中心になります。

でも、学習漫画の場合は、いたるところに図解が出てきます。

学習漫画の長所・三つ目、「記憶に残りやすい」

長所の三つ目は、記憶に残りやすいということです。

これは、私自身の実感として、強調しておきたいと思います。

では、なぜ、学習漫画で得た知識は記憶に残りやすいのでしょう？

私は、これについて、三つの理由を考えています。

理由の一つ目は、学習漫画では、ストーリーと関連づけて記憶できるということです。ストーリー展開の中で自然に説明されているので、機械的な記憶ではなく意味のある記憶として残るのです。

この「関連づけ」というのは記憶術の常識ですが、それが自然な形で実現されているのです。

理由の二つ目は、漫画のイメージと一緒に記憶することができるということです。

記憶術では、映像や絵などのイメージは記憶に残りやすいとされています。

学習漫画では、言葉や概念や知識をただ記憶するのではなく、漫画のイメージと関連づけて記憶することができるのです。

理由の三つ目は、学習漫画は繰り返し読まれることが多いということです。

これは、子どもたちの様子を見ていれば、すぐに分かります。

おもしろくて読みやすいので、子どもたちは、同じ学習漫画を繰り返し読むのです。

それで、ストーリーと知識を一緒にどんどん覚えてしまうのです。

また、一度ではよく分からなかったことも、二度三度読んでいるうちにだんだん分かってくるということもあります。

読むたびに分かることが増えてくるので、それもまた楽しいのです。

学習漫画の長所・四つ目、「簡単なことから高度なことまで学べる」

長所の四つ目は、簡単なことから高度なことまで学べるということです。

学習漫画は、当然のことながら、子どもにも分かるように初歩的なことから説明しています。

でも、初歩的なことばかりが出ているかというと、そうでもないのです。

かなり高度なことも出てくるのです。

中学や高校で学ぶくらいのことはもちろんですが、ときには、それ以上の内容も出てきます。


つまり、学習漫画は入りやすいだけでなく、奥も深いのです。

大人が読んでも、本当に勉強になります。

しかも、どの学習漫画も、漫画家だけで書いているのではありません。

各分野の一流の研究者や学者たちが、監修しているのです。

ですから、内容的にきちんと作られているのです。

学習漫画の長所・五つ目、「興味に応じて選べる」

長所の五つ目は、いろいろな分野のものが出ているので、子どもの興味に応じて選べるということです。

今は、本当にいろいろな出版社からいろいろな分野のものが出ていますので、子どもの興味に合うものが必ずあるはずです。

中には、人気漫画のキャラクターを登場させて、子どもの興味を引きつけているものもあります。

そのキャラクターが好きで読み始めるということも、あるようです。

ですから、いつもあまり本を読まない子がいたら、ぜひ、学習漫画から始めてみるといいと思います。

その子の興味のある分野や好きなキャラクターが出てくる学習漫画を買ってやってください。

普通の本はいつもあまり読まない子でも、学習漫画なら読むということがあるのです。

好きな分野やキャラクターの学習漫画から本の世界に入っていき、だんだん本が好きになるということもあるのです。

学習漫画をもっともっと子どもたちに

以上、学習漫画の長所を考えてきました。

私は、初めて学習漫画に出会ってから、クラスの子たちに機会あるごとにすすめてきました。

懇談会や学級通信などで、親たちにもすすめてきました。

また、授業の資料として使ったこともありました。

そして、年を追うごとに、ますますその効果の大きさを実感するようになってきたのです。

私は、もっともっと教育関係者や親たちに、この学習漫画のよさを知ってほしいと思います。

学習漫画を、もっともっと子どもたちに買ってやってほしいと思います。

これは、楽勉の最高傑作です。

第一級の勉強道具なのです。

子どものいる家庭には、一〇〇冊くらいあってほしいものです。

一〇冊、二〇冊くらいでは足りません。

一〇〇冊、二〇〇冊くらいあってほしいものです。


なんといっても、楽しみながらどんどん勉強できるのですから。

こんなにいいものはないのです。

「勉強しなさい」などと言う必要がなくなるのです。

「勉強しなさい」などと言う暇があったら、さっさと学習漫画を買ってくればいいのです。


低学年のころから昆虫や植物の学習漫画を読ませておけば、中学年からの理科が楽しくなるのです。

中学年のころから漢字の秘密を扱った学習漫画を読ませておけば、高学年で習う部首や同音異義語の勉強が楽しくなるのです。

小学生のころから地球の謎や秘密を扱った学習漫画を読ませておけば、中学高校の地学の勉強が楽しくなるのです。

家に一〇〇冊の学習漫画があれば、「勉強しなさい」と言う必要はなくなるのです。

親がそのような楽勉の環境を整える努力をしないで、誰がするのでしょうか？

子どもを伸ばしたいと思うなら、それくらいのことをしてほしいと思います。

そのような努力をしていないと、後になって、「勉強しなさい」と言わなければならなくなるのです。

「勉強しなさい」と言っている親は、自分がやるべきことをやってこなかったのです。

学習漫画の可能性は無限大

学習漫画こそ、楽勉の最高傑作です。
漫画大国日本が生んだ、世紀の大発明です。
これを考えた人に、ノーベル賞をやってほしいくらいです。
ところで、今、世界中で日本の漫画が読まれているそうです。

そこで、私は、一つ予言をしておきたいと思います。
今世紀中に、世界中で学習漫画が読まれるようになるということを。
それは、日本の学習漫画の翻訳かもしれませんし、各国独自のものかもしれません。
いずれにしても、世界中の子どもたちが学習漫画を読むようになると思います。
楽しみながらどんどん知識が身につくこの優れものが、広がらないはずがないのです。

第7章

ちょっとした知的刺激で生活の中に「知識の杭《くい》」を立てる

生活の中に学力向上のきっかけが無限にある

毎日の生活の中に、知的刺激のチャンスが溢れています。
毎日の生活の中に、学力向上のきっかけが無限にあります。
時間もお金もかかりません。
親のちょっとした心がけがあればいいのです。
これは、親がほんの少し意識していればできるという「超楽勉」です。

今から、その超楽勉の秘訣を紹介しましょう。
食卓にウーロン茶のペットボトルがあります。
それには、1・5リットルと書いてあります。
そこで、親が次のように言ってやるのです。

「1・5リットルというのは、1リットルより多いけど2リットルより少ないんだよ」

「こういう〈点〉のつく数を小数というんだよ」

「1よりほんの少し多いと1・1になって、もう少し多いと1・2になって、1・9だとほとんど2に近いということだよ」

「1・5は、1と2のちょうど中間だよ」

これを全部言ってやってもいいですし、一部分だけでもいいのです。

相手の様子やその場の雰囲気に応じてやればいいわけです。

でも、ほんの少し触れただけでも、まったく何も触れないのとでは大きな違いがあるのです。

少し教えただけで、情報がどんどん引っかかるようになる

その後、何日かして、学校のプールで「水深1・2メートル」という表示を見つけた

とします。

そのとき、以前1・5リットルの意味を聞いていた子はこういう考えが浮かぶかもしれません。

「あっ、これも小数だ。1・2メートルだから1メートルより少し深いんだな」

時間にすれば数秒といったところだと思います。

でも、それまで小数について何も聞いていない子は、そんなことを思い浮かべるはずがありません。


その後、また、何日かして、体育の時間に50メートル走のタイムを測ったとします。

走り終えたとき、先生が「9・8秒」と言いました。

そうしたら、その子はこう思うかもしれません。

「あっ、これも小数だ。9・8秒だからもう少しで10秒になるところだった。ぎりぎりセーフ！」

風邪を引いて熱を測ったとき「37・9℃」と出たのを見て、「わあ、もうすぐ38℃だ」と理解することもできます。

お母さんの体重が「60・1キログラム」と出たのを見て、「とうとう60キログラムを超しちゃった」と密《ひそ》かに心配することもできます。


このようにして、だんだんその子の頭の中には、小数についての情報がたまり理解が深まっていくのです。

でも、そのもとは、ペットボトルをきっかけにした小数のちょっとした話でした。

その話を聞いていなかったら、その後の1・2メートルも9・8秒も、その子の意識に引っかかることはなかったはずです。

そのほかの膨大《ぼうだい》にして無意味なあれこれの情報とともに、流れ去っていたはずです。

生活の中に「知識の杭」を立てる

これは、たとえて言えば、流れる川に一本の杭を立てるようなものです。一本の杭があれば、流れてきたいろいろなものがそこに引っかかってたまります。親が子どもの生活の中に「小数」という杭を立ててやれば、そこに小数に関するいろいろな情報が引っかかるようになるのです。

しかも、それは生活の実際の場面での情報なので、身近で具体的で分かりやすいものなのです。

小さいころから「小数の杭」に情報をためていた子が、四年生のある日、授業で小数を勉強します。

すると、それはその子にとって、とてもおもしろい勉強になるのです。

自分が今まで知っていた小数に関する情報に、いろいろな角度から学問的な光が当てられます。

今まで見えていなかったところまで見えるようになり、バラバラだった情報が整理され、体系化された知識になります。

これが、学問とか勉強と言われるものの真の意味であり、学校の授業の真の意義なのです。


私は、子どもの生活の中に、このような「知識の杭」をたくさん立ててやってほしいと思います。

親がちょっと心がけていればいいのです。

ほんの少し意識しているだけでいいのです。

「知識の杭」はいくらでも立てられる

たとえば、子どもとスーパーマーケットに買い物に行ったとします。

果物コーナーにバナナやマンゴーがたくさん置いてあって、そこに、「フィリピン直送」と書かれていたとします。

そうしたら、次のように言えばいいのです。

「バナナやマンゴーは暖かいところでよく育つのよ」

すると、子どもが言うかもしれません。

「フィリピンて暖かいの？」

「そうだよ。フィリピンは日本で一番暖かい沖縄よりもっと南にあるからね」


そのあと、家で地図帳や地球儀で沖縄とフィリピンを探せば最高です。

また、インターネットでフィリピンを探すというのもありです。

フィリピンの写真、特に、フィリピンのバナナやマンゴー園の写真などを見せてやれば、これ以上のものはありません。

見事に「フィリピンの杭」が立てられるはずです。


または、「『直送』というのは、そこから直接送ってきたという意味よ」と教えてやるのもありです。

「『直送』ってどういう意味だと思う？」と聞いてみるのもありです。

「『直送』ってどういう意味だったかな？」と、独り言のようにとぼけてみるのもありです。

たとえば、隣の家に赤ちゃんが生まれたので親子で見に行ったとします。

赤ちゃんのお父さんが「目に入れても痛くないくらいかわいいよ」と言ったとします。

わが子が「目に入れても痛くないの？」と言うかもしれません。

そうしたら、そういう言い方を「慣用句」ということを教えてやるのです。

「言葉が合わさって、もとの意味と違う意味になるのを慣用句というんだよ」

「カンヨウク？」

「字はこう書くんだよ」（スマホの画面で書いて見せてやる）

「ふうん……」

「『肩を持つ』というのは、肩を実際に持つことじゃなくて、味方になることだよね」

「それ知ってる。それも慣用句なの？」

「そうだよ。『顔を立てる』はどういう意味か知ってる？」

これだけでも、見事に「慣用句の杭」を立ててやることができます。

さらに、このあと、慣用句を扱った学習漫画などを与えてやれば最高です。

生活のありとあらゆる場面でいろいろな杭を立てることができるのです。

カステラを切り分けるとき、「分数の杭」を立てることができます。

ペットボトルの1・5リットルで、「小数の杭」を立てることができます。

体重を測ったとき、「グラムの杭」や「キログラムの杭」を立てることができます。

テレビの天気予報を見ながら、「気圧の杭」「風速の杭」「降水確率の杭」「湿度の杭」

「前線の杭」などを立てることができます。

「知識の杭」を立てるときの秘訣と気をつけるべきこと

挙げていけば切りがありません。

つまり、いくらでもあるのです。

ただ必要なのは、親のちょっとした心がけです。

これは、親がほんの少し意識していればできるという超楽勉なのです。


最後に、これをもう少し効率的にやる秘訣をお話しします。

それは、親が子どもの教科書を見ておくことです。

そうすれば、これから何を学ぶのかが分かります。

九月辺りに分数をやると分かれば、意識的かつ長期的にそれに備えることもできるわけです。

でも、あまり神経質になって、教えよう、分からせようとしてはいけません。そういう意識が先走ると、楽しみながらということができなくなってしまいます。無理にやっては楽勉ではありませんし、かえって、嫌いにさせてしまうだけです。もはや楽勉ではなく、苦勉です。
学校で学ぶ前に苦手意識を持たせてしまっては、元も子もありません。

この点には、細心の注意が必要です。
なぜなら、このような親はけっこう多いからです。
そして、その人たちのほとんどがその事実に気がついていないのです。
これは、熱心な親ほどはまりやすい罠《わな》のようなものなのです。

長期的視野に立てば、とにかくいろいろな知的刺激を与えるという点だけを意識していればいいとも言えます。

それがいつ学校で学ぶものであっても、かまわないわけです。というのも、いつかは学ぶのですから。

また、たとえ学校で学ばないものであっても、いっこうにかまわないわけです。というのも、それは子ども自身のためになるのですから。

ですから、楽勉の本来の趣旨を忘れないようにやっていただきたいと思います。

楽勉とはなんだったでしょう?

それは、生活や遊びの中で楽しみながら知的な刺激をして地頭をよくすることです。

そこには、無理強いや強制は一切ありません。

楽しみながらやっているうちに、いつの間にか勉強が好きになり学力がつくものです。

ですから、気楽に気長にやるようにしてほしいと思います。

第8章

「楽勉カルタ」で楽々暗記ができる

カルタのゲーム性を生かして楽々暗記

私が、自分で作った「楽勉カルタ」には、次のようなものがあります。星座カルタ、俳句カルタ、ことわざカルタ、読書カルタ、角度カルタ、漢字カルタなどです。

なぜ、私はこのようないろいろな楽勉カルタを作ってきたのでしょう？　それは、カルタがいろいろなものを暗記するのにとても優れた楽勉グッズだからです。子どもたちは、もともと「勝ち負け」のあるゲームが大好きです。カルタなら、そのような子どもの習性を生かして、楽しく遊びながらいろいろなものを覚えさせることができるのです。

中学の先生もびっくりした「俳句カルタ」の効果

たとえば、私の「俳句カルタ」だと、次のようになります。

読み手が「柿食えば〜」と読んだら、子どもたちは「鐘が鳴るなり法隆寺《ほうりゅうじ》」と書いてあるカルタを取ります。

読み札には作者名も書いてあるので、「正岡子規《まさおかしき》〜」と読んだら「鐘が鳴るなり法隆寺」を取る、というようにもできます。

私が作った俳句カルタには、いろいろな国語の教科書に出ている有名な俳句を中心に選んで載せてあります。

一セットが32枚ですから、32句を覚えることができるわけです。

この俳句カルタを初めて作って子どもたちにやらせたとき、子どもたちがすごく気に入ってくれて大いに盛り上がりました。みんな休み時間に練習したり家で練習したりしたので、あっという間に子どもたちは覚えてしまいました。

それで、第二弾として新たに二セット目の32枚を作ってやりました。

それで、そのクラスの子たちは、みんな俳句を64句も覚えることができたのです。

その子たちは六年生だったので、次の年に中学に進学しました。中学の勉強にもすごく役に立ったということで、あとで親御さんたちからもお礼を言われました。

その後、何人かの子が小学校に遊びに来て、中学の先生もびっくりしていたと報告をしてくれました。

「ことわざカルタ」で96個のことわざを楽々覚えてしまった子どもたち

「ことわざカルタ」を作ったときは、もっとすごかったです。

一セット32枚のことわざカルタを、三セットも作りました。

というのも、子どもたちがどんどん覚えてしまって、もっと新しいのをやりたいとせがんだからです。

ですから、子どもたちは96個のことわざを覚えることができたのです。

カルタでことわざに興味を持った子どもたちは、もっと詳しく知りたくなります。

中には、ことわざの学習漫画を読んだり家の人に聞いたりして、意味を調べる子も出てきました。

ことわざの意味を調べて、自主勉ノートにまとめてくるのが流行《はや》ったこともありました。

漫画を描くのが得意な子が、ことわざを使って漫画を描いてきたこともありました。

そして、ことわざを覚えると、子どもたちは生活の中でも使って楽しむようになります。

遊んでいて宿題を忘れたときなど、自分で「楽あれば苦ありだね」と言ったりするようになります。

それを聞いていた子が、「失敗は成功のもとだよ」と言ったりします。

とにかく、カルタで覚えたことわざを使いたくてしょうがないのです。

カルタは「暗記」のための最高の楽勉グッズ

私は、自分の経験から、カルタは暗記のための最高の楽勉グッズだと気がつきました。

そして、子どもたちには、自分が覚えたものをもっと深めたくなる習性があるということにも気がつきました。

星座カルタをやれば、夜空を見ながら星座を探したり、プラネタリウムに親子で行ったり、自分で星座盤を買ったり、学習漫画を読んだりするようになります。

漢字カルタでも、俳句カルタでも、ことわざカルタでも、必ずそのあとの発展がありました。

カルタでもとになるものを暗記した子どもたちは、自分が覚えたものに興味を持って、それをもっと深く知りたくなるのです。

暗記というものは、その後の発展のもとになるものなのです。

つまり、暗記したものは「知識の杭」になるのです。

ですから、子どもにはいろいろなものをどんどん暗記させるといいのです。

いろいろな楽勉カルタを楽しんでみよう

さて、今は、いろいろなカルタが市販されています。

平仮名カルタ、片仮名カルタ、漢字カルタ、四字熟語カルタ、ことわざカルタ、いろはガルタ、慣用句カルタ、俳句カルタ、短歌カルタ、百人一首カルタ、詩のカルタ、歴史カルタ、安全カルタなど、いくらでも売っています。

インターネットでも書店でも、たくさん売っています。

私は、これらをどんどん利用するといいと思います。

または、親が手作りしてやるのもいいと思います。

そんなに難しいことではありません。

子どもに覚えさせたいことを、カルタにすればいいのです。

親の手作りカルタなら、わが子のニーズにぴったり合わせて作ることができます。


そして、市販のものにしろ手作りのものにしろ、家族で楽しく遊んでほしいと思います。

カルタは、大人と子どもが対等に勝負できるゲームです。

もしかしたら、子どものほうが早く上達するかもしれませんが。

カルタは、大人も子どもも楽しく遊べ、そして、いつの間にか勉強になっているのです。

これほどいいものがまたとあるでしょうか？

第9章

「ヒャッキン（百円均一ショップ）」の楽勉グッズ

「ヒャッキン」の楽勉グッズに感動

みなさんは、百円均一ショップ、いわゆる「ヒャッキン」にすばらしい楽勉グッズがたくさんあるのをご存じですか？

ある年、学校職員の忘年会の景品を買いに行ったときに、私はそれを初めて知りました。

私は、見つけたときびっくりして、同時にとてもうれしかったです。

なぜか、こういうとき、とてもうれしくなってしまうのです。

それで、景品を買うついでに、自分のクラス用にいくつかの楽勉グッズを買いました。

そして、それらを二年生の教室に置いて子どもたちにやらせました。

その中の一つに、「日本地図のジグソーパズル」がありました。

四七都道府県がバラバラのピースになっていて、それを組み合わせて日本地図を完成させるというものです。

つまり、遊びながら都道府県の名前と形と位置が覚えられるというわけです。

休み時間に子どもたちが楽しそうにやっている姿を見て、私もうれしくなりました。

「やってる、やってる。いいぞ、いいぞ」という感じです。

「百円のジグソーパズル」で四七都道府県を覚えた女の子

それで、何日かしたとき、ある女の子、Gさんがお母さんとやった自主勉強だと言って一枚の紙を私に見せてくれました。

そこには、なんと、あのジグソーパズルの日本地図が書き写してありました。

全部の都道府県の境界線も書き写してありました。

そして、子どもの字で都道府県の名前が書いてありました。

さらに、それに丸つけがしてあって、得点も書いてありました。

うれしそうににこにこしているGさんに、私は聞きました。

「これ、どうしたの？」

「あのヒャッキンのジグソーパズル、お母さんに買ってもらったの」

「あっ、そうなんだ！」

「家でやってて覚えちゃったから、お母さんがテスト作ってくれたの」

「お〜っ！」

「やってみたら、5つ間違えて42点だった」

「47点満点で42点ならすごいじゃない」

「えへへ」

「ということは、ほとんどの県を覚えちゃったんだね」

「うふふ」

「県を覚えておくと五年生の社会ですごく役立つんだよ。Gさんは二年生でほとんど覚えちゃったんだ」

次の日、Ｇさんは、またそのテストを家でやって持ってきてくれました。

そのときは、２つ間違えていて45点でした。

そして、とうとう次の三回目で満点になっていたのです。

私は、この自主勉強を子どもたちに紹介して、掲示板に貼ってやりました。

そして、懇談会や講演会でも紹介しました。

都道府県を覚えておくと、五年生以降の社会でかなり有利

わずか百円のジグソーパズルで、Ｇさんは日本全国四七都道府県の名前と形と位置を覚えてしまったのです。

しかも、楽しく遊びながらです。

また、ほとんど覚えたころにお母さんがテストを作ってやったのもよかったと思います。

これが大きな刺激になったことは間違いありません。

また、この百円のジグソーパズルを本人用にお母さんが買ってやったことが、そもそもすばらしいことでした。

やはり、家でじっくりやれるというのは、子どもにとってとても大切なことですから。

ところで、都道府県を覚えておくと、五年生以降の勉強にとても役立ちます。

特に五年生では、日本の産業を主に勉強するので、都道府県が分からないととても不利です。

「鹿児島県枕崎《まくらざき》市では、かつお漁が盛んで……」などと、日本全国の地名がどんどん出てきます。

そのとき、鹿児島県がどこかすぐ浮かんでこないようでは困るのです。

ましてや、「鹿児島県」という名前を生まれて初めて耳にするという状態では、勉強についてこられるはずがありません。

逆に、都道府県の名前と位置が全部頭に入っている子は、かなり有利です。

もちろん、五年生だけでなく、六年生でも、さらにそのあとの中学や高校でも同じです。

同じというより、もっともっと必要性は高まるのです。

いつかは、これを全部覚える必要があるのです。

ヒャッキンにはいろいろな楽勉グッズがある

ヒャッキンには、このほかにもたくさんの楽勉グッズがあります。

しかも、全部百円です。

「九九を覚えられるパズル」もあります。

「5×3＝　」の答えのところに、数字を当てはめていくものです。

同じように、足し算、引き算、割り算のものもあります。

「九九を覚えられるかけ算ボード」というものもあります。

「5×3＝　」のところを押すと、答えが浮かび上がってくるものです。

同じように、足し算、引き算、割り算のものもあります。


「平仮名のパズル」もあります。

台のスポンジから抜き出した平仮名をバラバラにして、またもとの台にはめ込むというものです。

同じように、片仮名、数字、アルファベットのものもあります。


「時計の読み方を覚えられるパズル」もあります。

このごろは、デジタル時計が増えていて、アナログ時計の読み方が分からない子が増えています。

一、二年生を教えたことのある先生は知っていると思いますが、時計の読み方を教えるのはけっこう大変なのです。

「世界の国の名前と位置が覚えられるジグソーパズル」もあります。

これもよく考えて作ってあると思います。

遊んでいるうちに、世界の国々の名前と位置が覚えられるのです。

それだけでなく、ユーラシア大陸、北米大陸、太平洋、インド洋などという名前も覚えられるのです。

「百円のワークブック」を入学前にやっておけば、子どもが苦労しなくてすむ

楽しみながらできるワークブックもあります。

「かず」を扱ったワークブックを見てみましょう。

たとえば、テントウムシが5匹描かれている絵とダンゴムシが5匹描かれている絵を線で結びつける問題があります。これは、絵柄は違っても「5」という数を表わせる、ということを分からせる問題です。

また、1から10までの数字をたどって線を引くと、何かの絵が表われるという問題もあります。

これらは、ほんの一例で、もっといろいろな問題があります。

そして、幼児が楽しくできるようにかわいいイラストがたくさんついています。

しかも、3才用、4才用、5才用、6才用というように、ステップアップできるようになっているのです。

これらの中には、小学一年生の算数教科書に出てくるような問題もたくさんあります。

こういうものを、幼児の段階でたっぷり楽しみながらやっておくといいですね。

小学校入学前にたくさんやっておけば、入学後に苦労しなくてすみます。

ちなみに、このワークブックには、「かず」のほかにも「ことば」「ちえ」「えいご」などの種類があります。


私は、ヒャッキンの楽勉グッズをたくさん買いました。

全部で三〇個は買いました。

それでも、なんと、三〇〇〇円です。

小さいお子さんをお持ちの方は、ぜひ、ヒャッキンに行って探してみてください。

そこで、あなたは、わが子を伸ばせる楽勉グッズをたくさん見つけることができるでしょう。

第10章

1日1記事！「小学生新聞」で学力は必ずアップする

「小学生新聞」は子どもを総合的に伸ばす、とっておきの楽勉

一番最後に、とっておきの楽勉を紹介します。

とっておきだから最後に紹介するのです。

落語でいえばトリです。

みなさんは、小学生のための新聞、つまり「小学生新聞」というものがあることをご存じですか?

この楽勉の本のトリを務めるもの、それは小学生新聞です。


具体的にいえば、日刊の「朝日小学生新聞」と「毎日小学生新聞」です。

ちなみに、中学生には、週刊の「朝日中学生ウイークリー」があります。

これらはすべて、子どものための新聞で、普通の新聞と同じように宅配されます。

私は、この小学生新聞こそ、子どもたちの地頭をよくし、知力、学力、感性を総合的に伸ばすとっておきの楽勉ではないかと思います。

小学生新聞には、子どもを伸ばすのに必要なありとあらゆる栄養が詰まっています。

まず、小学生新聞は、記事の漢字に振り仮名をつけてあります。

ですから、まだ学校で習っていない漢字が出てきても、どんどん読めるのです。

子どもは、どんどん読んでいるうちに、どんどん覚えてしまいます。


すると、何かほかのものを読んだときに、振り仮名がついていなくても読めるようになるのです。

そして、学校でその漢字の書き方を教わるときにも、早く覚えることができるようになります。

というのも、もう何回も出会って読み方も知っている漢字は、書き方も覚えやすいからです。

初めて出会った漢字の書き方を、いきなり覚えるのよりはるかに覚えやすいのです。

これは、科学的にも証明されています。

それで、このごろでは、国語の授業でも、漢字の「読み先習」ということが言われ始めています。

つまり、いきなり漢字の書き方を教えるのではなく、その前に読めるようにしておこうということです。


毎日届く小学生新聞を読んでいれば、漢字力がつくのは絶対に間違いありません。つかないはずがないのです。

ニュースがよく分かるようになり、知識がぐんぐん身につく

小学生新聞には、新聞という名の通り、日々のいろいろなニュースが載っています。

しかも、子どもに理解できるように、とても分かりやすく説明されています。

難しい言葉の解説もありますし、イラストや図解によるビジュアルな解説もたくさん

あります。

事件とか問題の背景や今までの経緯なども、よく分かります。

大人の私が読んでも、「なるほど、そういうことだったのか！」と思わず言いたくなるようなときもあります。

私たち大人でも、よく聞く言葉だけどはっきりした意味は知らない、という言葉がよくあります。

そういう言葉が、とても分かりやすく説明されているのです。

ですから、小学生新聞を読み続けていると、テレビで流れるニュースがよく分かるようになっていきます。

政治、経済、国際情勢などの難しいニュースもだんだん分かるようになっていくのです。

小学六年生の社会でそういう勉強をしますが、小学生新聞を読んでいる子は大活躍です。

たとえば、「国の予算って何？」という記事を読んだとします。

そこには、小中学生の教科書に何百億円もが使われることとか、「子ども安心プロジェクト」に何十億円も使われることなどが書かれています。

子どもに関係することを題材にして、予算についてうまく説明しているのです。

この記事を読んで「予算の杭」を立てることができた子は、その後、テレビや新聞を読む中で予算についての情報が引っかかるようになるはずです。

そうしておけば、六年生の政治の勉強がとてもよく分かるようになります。

私の経験だと、六年生の三学期の社会でやる政治、経済、国際情勢などの勉強は、子どもにとって最も縁遠いものの一つです。

教科書には、憲法、主権在民、平和主義、基本的人権、衆議院、参議院、内閣、裁判所、三権分立、国連憲章、国連難民高等弁務官、東南アジア諸国連合などという言葉が、次から次へと出てきます。

でも、ほとんどの子は、このような言葉を生活の中で意識して聞いたことがありません。

どれもこれも初めて聞く言葉なのです。

物理的に言えば、聞いたことがないはずはないのですが、全部素通りしてしまっているのです。

なぜなら、「知識の杭」がないからです。

小学生新聞の学習漫画には、即時性がある

小学生新聞には、学習漫画もふんだんに取り入れられています。

学習漫画自体については、別のところで書きましたので、そこに譲ります。

ただ、ここで一つだけ強調しておきたいことがあります。

それは、小学生新聞の学習漫画には、一般の学習漫画にはないすばらしい長所があるということです。

それは、即時性があるということです。

つまり、そのときに話題になっているニュースや人々の関心事を学習漫画にしているのです。

これが実にすばらしい長所なのです。

たとえば、アメリカ産牛肉の輸入問題なども学習漫画で読むととてもよく分かります。

ニュースで「特定危険部位」などという言葉がよく聞かれますが、みなさんはどこのことか分かりますか?

私は小学生新聞の学習漫画で、初めてそれがどこなのか分かりました。

このような時事問題的なニュースだけでなく、科学上の新発見も学習漫画にしています。

たとえば、イルカたちがお互いを個別の名前で呼び合っているということが発見されて、ニュースになったことがありました。

私は、そのニュースをテレビで見ましたが、すぐに次のニュースになってしまったので詳しく知ることができませんでした。

そうしたら、次の週には、もう小学生新聞の学習漫画にその新発見が詳しく説明されていました。

一般のニュースでは伝えなかった実験の方法や結果まで詳しく出ていました。

しかも、漫画ですから分かりやすいのです。

そして、最後には、おもしろいオチまでついていました。

子どもの生活や安全に役立つ記事を子ども自身が読める

小学生新聞には、子どもの生活や安全に役立つ記事もたくさんあります。

そこには、専門家のアドバイスがとても分かりやすく出ています。

また、子ども同士が考えを出し合ったりもしています。


たとえば、友だち関係をよくするためにどうしたらいいかという記事など、どの子にも大いに役立つものだと思います。

また、いじめの問題についても、よく取り上げられています。

そこには、子どもでないと言えないような本音の話も出てきます。

私は、このような子どもたち自身による本音レベルの話は、同じ悩みを持っている子にとってとても参考になるものだと思います。


どうしたら忘れ物を減らせるかなど、親や子どものいろいろな悩みについての記事もあります。

そこでも、大人のアドバイスと子どものアイデアの両方が読めます。

忘れ物が多くて悩んでいる子が、自分でこのような記事を読むのはとてもいいことです。

というのも、親に言われるとやる気がしない子でも、自分で読んだものを自分で取り入れるときはやる気になるものだからです。

登下校の安全、不審者対策、交通安全についても、再三取り上げられています。

そこには、いろいろな学校や地域の取り組みなどがたくさん紹介されています。

また、どうしたら自分の身を守れるかということを、専門家が分かりやすくアドバイスしています。

こういう記事を子ども自身が読むことで、だんだん身を守る方法が分かってくるはずです。

さらに、こういう記事をもとに、身を守る方法について親子で話し合っておけば、万が一のときに役立つはずです。

また、大人にとっても、子どもたちの安全のために何をするべきかという点で、大いに参考になるものだと思います。

小学生新聞で子どもの〝文明開化〟が可能になる

小学生新聞のいいところを四つほど書いてきましたが、まだまだいっぱいあります。詳しく書けば、一冊の本になるくらいあります。

このような優れものである小学生新聞を、私は、心からおすすめします。

一日一つの記事を読むだけでも、いいのです。

塵《ちり》も積《つ》もれば山となるの喩《たと》え通り、一年経てばその積み重ねは知識の大きな山になるのです。

私は、以前、こういう話をどこかで読んだことがあります。

明治維新のあと、日本が急速な近代化を果たす上で、新聞の宅配制度がとても大きな役割を果たしたという話です。

そのころの新聞は、漢字に振り仮名が振ってありました。

学校という制度がまだ充分でなかった時代にあって、人々は振り仮名つきの新聞を読むことで、漢字を覚え言葉を覚え文章を読めるようになったのです。

そして、毎日毎日確実に届けられる新聞を読み続けることで、いろいろな知識を身につけていったのです。

それが、新しい時代を切り開く礎《いしずえ》になったのです。

つまり、文明開化は新聞の宅配制度によって可能になったと言えるのです。

新しく刷り上がったばかりの新鮮な活字が、毎日確実に家に届けられるということが、実に大きいのです。

新しいから読む気になるのです。

毎日届くから読み続けられるのです。

子どもにおいては、特にそうです。

明治時代の人々が毎日届く新聞で地頭を鍛えたように、今の時代の子どもたちにも毎日届く小学生新聞で大いに地頭を鍛えてもらいたいと思います。

それは、つまり、子ども自身の〝文明開化〟なのです。

とっても大切なあとがき

ある年、私が受け持っていた学年で、学年合同懇談会というものをやりました。授業参観の後、同じ学年の三つのクラスの親たちに一堂に集まってもらって行ないました。

先生たちの話を聞きたいという親たちからの要望が強かったので、三人の担任がそれぞれ三〇分くらいずつ話すという形で開いたのです。

そこで、私は、楽勉の話をしました。

この本のもとになるような話をしたわけです。

そして、話が終わって質問の時間になったとき、一人のお母さんにこう聞かれました。

「去年お兄ちゃんを先生に受け持ってもらったときに、楽勉の話を聞きました。それで、歴史漫画を何冊か買ってやったのですが、全然読もうとしません。

どうしたらいいでしょうか？」

それで、私は答えました。

「無理に読ませるのはやめたほうがいいでしょう。

いやいややらされたのでは、それはもう楽勉ではなく、苦勉です。

歴史が大嫌いになってしまう可能性があります。

六年生で歴史を勉強する前に苦手意識を植えつけることになってしまっては、元も子もありません。

今は興味がなくても、その歴史漫画が家にあれば、何かのきっかけで手にとって読み始めることも大いにありえます。

ですから、それはもうそのままにしておいて、親としてはほかの楽勉をいろいろ試してみるといいと思います」

このように、親が楽勉させてやろうと働きかけても、子どもがいい反応をしないということはよくあることです。

親としては、がっかりして拍子抜けするものです。

また、お金をかけた場合はもったいないという気持ちも出てきます。

でも、そこで無理強《じ》いしたら逆効果だということを覚えておいてほしいと思います。

学校や塾の勉強なら、ときにはそれが必要なこともあるかもしれませんが、こと楽勉においてはそれは絶対に避けるべきです。

楽勉とは、生活や遊びの中で楽しみながら知的な刺激をして地頭をよくすることです。

そこには、無理強いや強制は一切ありません。

楽しみながらやっているうちに、いつの間にか勉強が好きになり、学力がつくのです。

大切なのは、子どもの様子を見ながら無理なく楽しく進めるということです。

無理にやると逆効果になるだけです。

「親子日記はすばらしい」と書いてあったから、やってみようと思って始めたとします。

でも、中にはあまり気乗りしない子もいます。
あの手この手で親が働きかけても、うまくいかない場合もあります。
それは、絶対にあります。
というのも、どの子にも生まれ持った資質や性向といったものがあるからです。
どの子にも、合うものと合わないものがあるのです。

もちろん、あの手この手で働きかけることは大事です。
そのうちに子どもが興味を持ち始めることもありますから。
でも、子どもによっては、そのあの手この手が苦痛になる場合もあります。
その辺を見極《みきわ》めるためには、子どもの様子をよく見ていることが必要です。

この点に気をつけながら、親がうまく楽勉をプロデュースしていけば、子どもの学力はどんどん伸びていきます。

これは、多くの事例を見てきた私が自信を持って保証します。


そして、その上に、さらにいいことがあります。

楽勉の楽しさを味わい、その効果を知り、そのやり方を身をもって学んだ子どもは、だんだん自分で楽勉をプロデュースしていけるようになるのです。

つまり、学び方を学ぶのです。


そうなると、子どもは自分の興味に応じてどんどん進んでいけるようになります。

子どもが、自分で自分の知的な世界を、より広くより深くしていくことができるようになるのです。

自分の毎日の生活の中に、楽勉のきっかけをたくさん見つけるようになります。

自分の毎日の生活の中に、知的な要素がどんどん入ってくるようになるのです。

そして、その上に、さらにもう一つ楽勉にはいいことがあります。

楽勉に心がけていると、「親子の触れ合い」が増えて親子関係がよくなっていくのです。

というのも、「親子の触れ合い」の中で「ちょっとした知的刺激」をするのが楽勉だからです。

楽勉とは、この二つの大切なことが同時に行なわれるという、本当にすばらしいものなのです。

つまり、楽勉とは、親の愛情表現そのものなのです。

必要なのは、親のみなさんのほんの少しの心がけです。

必要なのは、親のみなさんのほんの少しの工夫です。

一〇〇字書評

切り取り線

購買動機（新聞、雑誌名を記入するか、あるいは○をつけてください）

□（　　　　　　　　　　　　　　　　）の広告を見て
□（　　　　　　　　　　　　　　　　）の書評を見て
□ 知人のすすめで　　　　□ タイトルに惹かれて
□ カバーがよかったから　□ 内容が面白そうだから
□ 好きな作家だから　　　□ 好きな分野の本だから

●最近、最も感銘を受けた作品名をお書きください

●あなたのお好きな作家名をお書きください

●その他、ご要望がありましたらお書きください

住所	〒				
氏名		職業		年齢	

新刊情報等のパソコンメール配信を 希望する・しない	Eメール	※携帯には配信できません

あなたにお願い

この本の感想を、編集部までお寄せいただけたらありがたく存じます。今後の企画の参考にさせていただきます。Eメールでも結構です。

いただいた「一〇〇字書評」は、新聞・雑誌等に紹介させていただくことがあります。その場合はお礼として特製図書カードを差し上げます。

前ページの原稿用紙に書評をお書きの上、切り取り、左記までお送り下さい。宛先の住所は不要です。

なお、ご記入いただいたお名前、ご住所等は、書評紹介の事前了解、謝礼のお届けのためだけに利用し、そのほかの目的のために利用することはありません。

〒一〇一-八七〇一
祥伝社黄金文庫編集長　吉田浩行
☎〇三（三二六五）二〇八四
ohgon@shodensha.co.jp

祥伝社ホームページの「ブックレビュー」からも、書けるようになりました。
http://www.shodensha.co.jp/bookreview/

祥伝社黄金文庫

「楽勉《らくべん》」で子《こ》どもは伸《の》びる！

平成26年10月20日　初版第1刷発行

著　者　親野智可等《おやのちから》

発行者　竹内和芳

発行所　祥伝社《しょうでんしゃ》

〒101－8701
東京都千代田区神田神保町3－3
電話　03（3265）2084（編集部）
電話　03（3265）2081（販売部）
電話　03（3265）3622（業務部）
http://www.shodensha.co.jp/

印刷所　萩原印刷

製本所　ナショナル製本

Printed in Japan　© 2014, Chikara Oyano　ISBN978-4-396-31651-8 C0195

親野智可等（おやのちから）

1958年生まれ。本名　杉山 桂一。公立小学校で23年間教師を務めた。教師としての経験と知識を少しでも子育てに役立ててもらいたいと、メールマガジン「親力で決まる子供の将来」を発行。具体的ですぐできるアイデアが多いとたちまち評判を呼び、新聞、雑誌、テレビ、ラジオなど各メディアで絶賛される。また、子育て中の親たちの圧倒的な支持を得てメルマガ大賞の教育・研究部門で5年連続第1位に輝いた。読者数も4万5千人を超え、教育系メルマガとして最大規模を誇る。『「親力」で決まる！』（宝島社）、『「ダメ！」を言わなければ子どもは伸びる』（PHP研究所）などベストセラー多数。人気マンガ「ドラゴン桜」の指南役としても知られる。全国各地の小・中学校、幼稚園・保育園のPTA、市町村の教育講演会で大人気となっている。

講演のお問い合わせとメルマガ登録

http://www.oyaryoku.jp

親野智可等がつくった遊びながら学力が上がる「楽勉」

http://www.rakuben.com

百玉そろばん、星座カルタ、日本地理カルタ、歴史人物ゲームカード、同音異義ゲームカード、ことわざカルタなど。